STARTE IN DEINE EIGENE WELT

Stell dir vor, du hältst einen Stift in der Hand – nicht irgendeinen, sondern einen, der fast magisch ist. Warum „fast"? Na ja, er zaubert nicht direkt, aber er kann etwas viel Besseres: Er bringt alles aufs Papier, was in deinem Kopf so rumschwirrt – deine Lieblingssachen, deine geheimsten Träume und, wenn du magst, auch mal eine richtig schiefe Nase (hey, niemand ist perfekt!).

Hier findest du 111 Dinge, die du lieben wirst – und ja, sie lieben dich zurück (naja, zumindest so lange, bis du sie zeichnest). Von Tieren über beste Freundschaften bis hin zu funkelnden Einhörnern und coolen Hobbys – jede Seite wartet darauf, von dir entdeckt und zum Leben erweckt zu werden. Und als wäre das nicht genug, gibt's spannende Fragen und verrückte Fakten obendrauf. Wusstest du zum Beispiel, dass ein Einhorn ungefähr so viel Zuckerwatte am Tag futtert wie du an einem Jahrmarktabend? Tja, jetzt schon!

Dieses Buch ist nicht nur ein Zeichentraining, sondern auch eine kleine Reise zu dir selbst. Jede Linie, die du ziehst, jedes Bild, das entsteht, verrät ein bisschen was über dich. Was? Das bleibt unser Geheimnis. Aber eines sei gesagt: Hier gibt es kein „Das sieht aber komisch aus!" oder „Das war wohl nix!" Alles, was du zeichnest, ist genau richtig. Warum? Weil DU es bist!

Also, schnapp dir deine Stifte – oder zur Not auch einen Kuli, einen alten Lippenstift oder einen Radiergummi (okay, letzterer war Quatsch) – und tauch ein in diese bunte, wilde Welt. Und wenn mal was schiefgeht? Dann mach's wie ein echter Künstler: Behaupt einfach, das sollte so sein.

Viel Spaß beim Zeichnen, Kritzeln und Entdecken! Und denk dran: Dein Stift wartet schon ungeduldig auf Action!

Die Liste der 111 Dinge für Mädchen stammen aus Entwicklungsstudien und Beobachtungen von Pädagogen und Psychologen, die das Verhalten und die Interessen von Kindern im heranwachsenden Alter analysieren. In diesem Alter erkennen Kinder zunehmend ihre individuellen Vorlieben und Fähigkeiten. Laut Experten beschäftigen sich Mädchen in diesem Alter gerne mit kreativen Tätigkeiten wie Zeichnen und Malen, genießen es, Musik zu hören, und beginnen, soziale Aktivitäten wie Partys zu schätzen. Zudem sind sie oft sportlich aktiv und interessieren sich für Hobbys wie Reiten. Die Nutzung von Technologie, wie das Spielen mit dem Handy, wird ebenfalls zunehmend relevant. Weiters lieben sie Tiere über alles - daher wurden viele Dinge in dem Buch mit Tieren umgesetzt.*

Zeichentipp:

Setze dir kleine Punkte an wichtigen Stellen der Zeichnung, wie Ecken oder Rundungen. Wenn du diese Punkte verbindest, entstehen die Formen ganz einfach Schritt für Schritt!

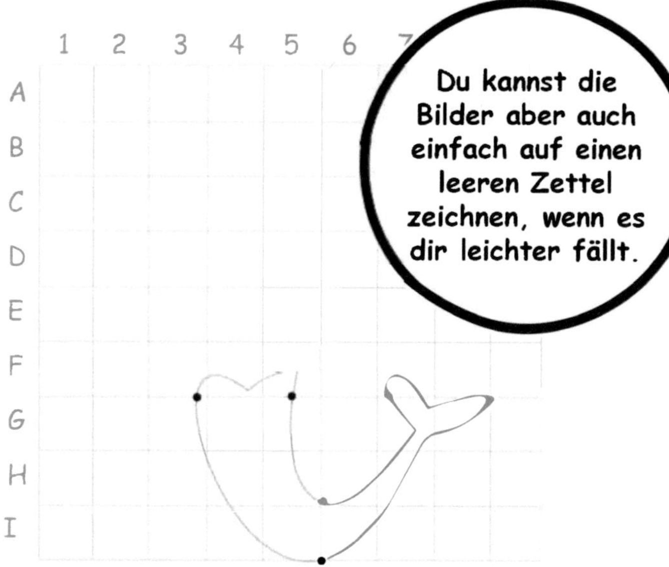

Du kannst die Bilder aber auch einfach auf einen leeren Zettel zeichnen, wenn es dir leichter fällt.

Persönlicher Kontakt ich freue mich: Bravo Birgit

bravo-birgit@gmx.at

ZEICHENRASTER hier zum Downloaden oder per Link:

www.schatzsuchen.at/zeichnen-lernen

Impressum
1. Auflage
Copyright 2024 – ™Birgit Bravo
Alle Rechte vorbehalten.
Das Werk darf – auch teilweise – nur mit Genehmigung des Verlags vervielfältigt werden.

ISBN: 978-3-98935-560-6

Lucid Page Media (ein Imprint der Orbita Media GmbH)
Ericusspitze 4
20457 Hamburg
Deutschland
kontakt@lucidpagemedia.de

* Quelle: ChatGPT

INHALT

Wenn dein Bild ein bisschen anders aussieht als die Vorlage, dann hast du etwas ganz Eigenes geschaffen – und das ist wunderbar!

MIT RASTER ZEICHNEN

zeichne hier

FREI ZEICHNEN

Einhorn

Einhörner sind Fabelwesen, die oft als Pferde mit einem einzelnen Horn auf der Stirn dargestellt werden.
Hast du dir schon einmal vorgestellt, wie es wäre, ein Einhorn zu treffen? Was würdest du ihm erzählen?

FREI ZEICHNEN
zeichne hier
MIT RASTER ZEICHNEN
Pegasus
Pegasus ist ein geflügeltes Pferd aus der griechischen Mythologie, bekannt für seine Fähigkeit zu fliegen. Wenn du fliegen könntest wie Pegasus, wohin würdest du gerne fliegen?

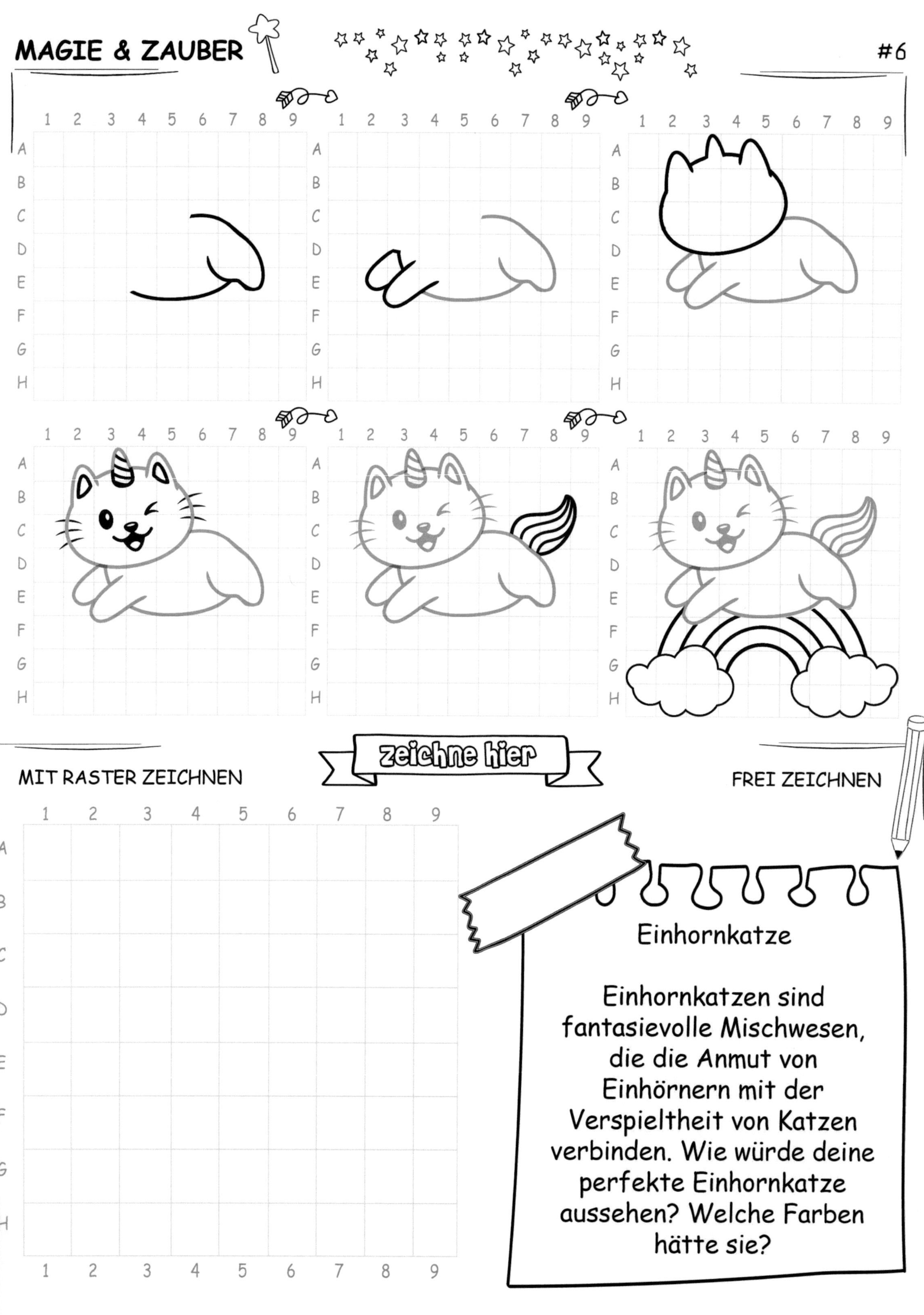

Einhornkatze

Einhornkatzen sind fantasievolle Mischwesen, die die Anmut von Einhörnern mit der Verspieltheit von Katzen verbinden. Wie würde deine perfekte Einhornkatze aussehen? Welche Farben hätte sie?

MAGIE & ZAUBER

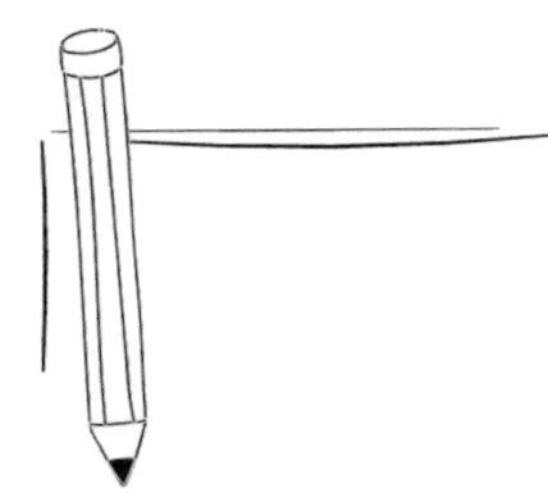

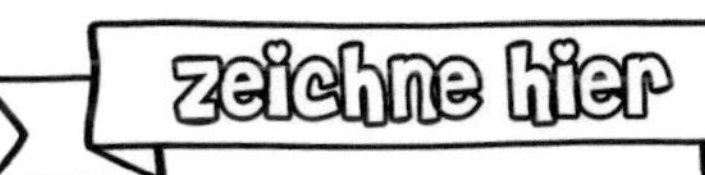

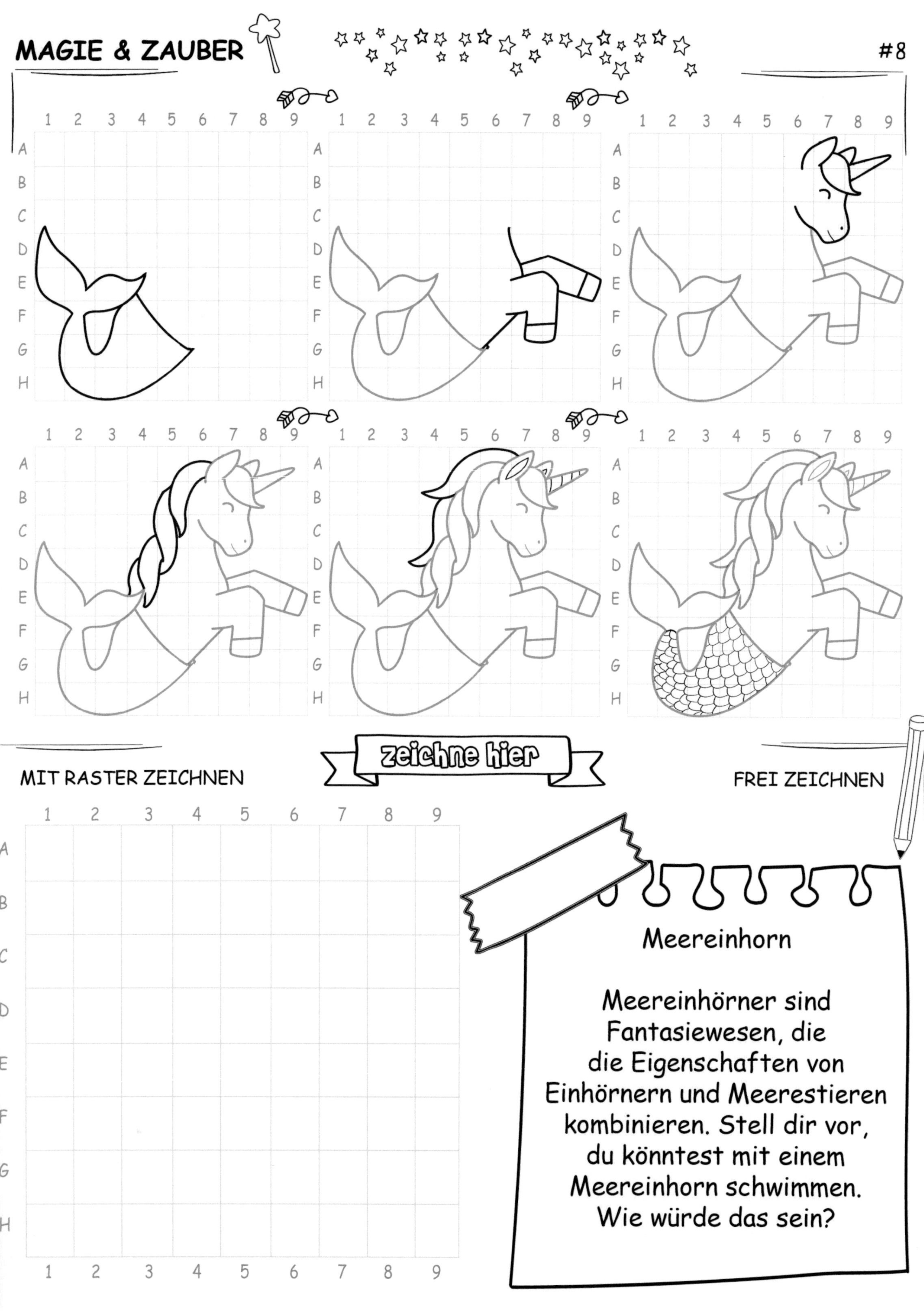

MIT RASTER ZEICHNEN

zeichne hier

FREI ZEICHNEN

Meereinhorn

Meereinhörner sind Fantasiewesen, die die Eigenschaften von Einhörnern und Meerestieren kombinieren. Stell dir vor, du könntest mit einem Meereinhorn schwimmen. Wie würde das sein?

MAGIE & ZAUBER

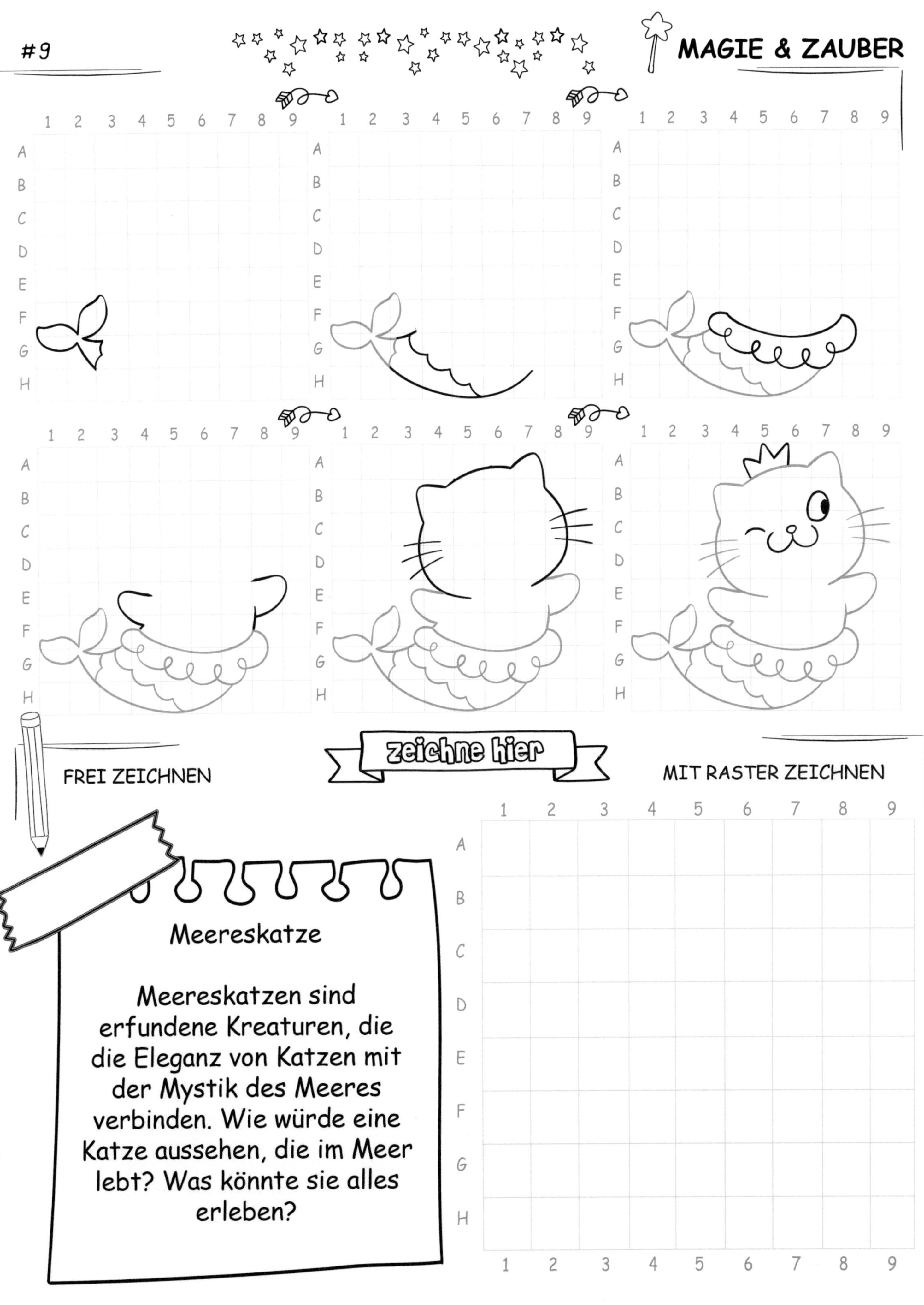

FREI ZEICHNEN

MIT RASTER ZEICHNEN

Meereskatze

Meereskatzen sind erfundene Kreaturen, die die Eleganz von Katzen mit der Mystik des Meeres verbinden. Wie würde eine Katze aussehen, die im Meer lebt? Was könnte sie alles erleben?

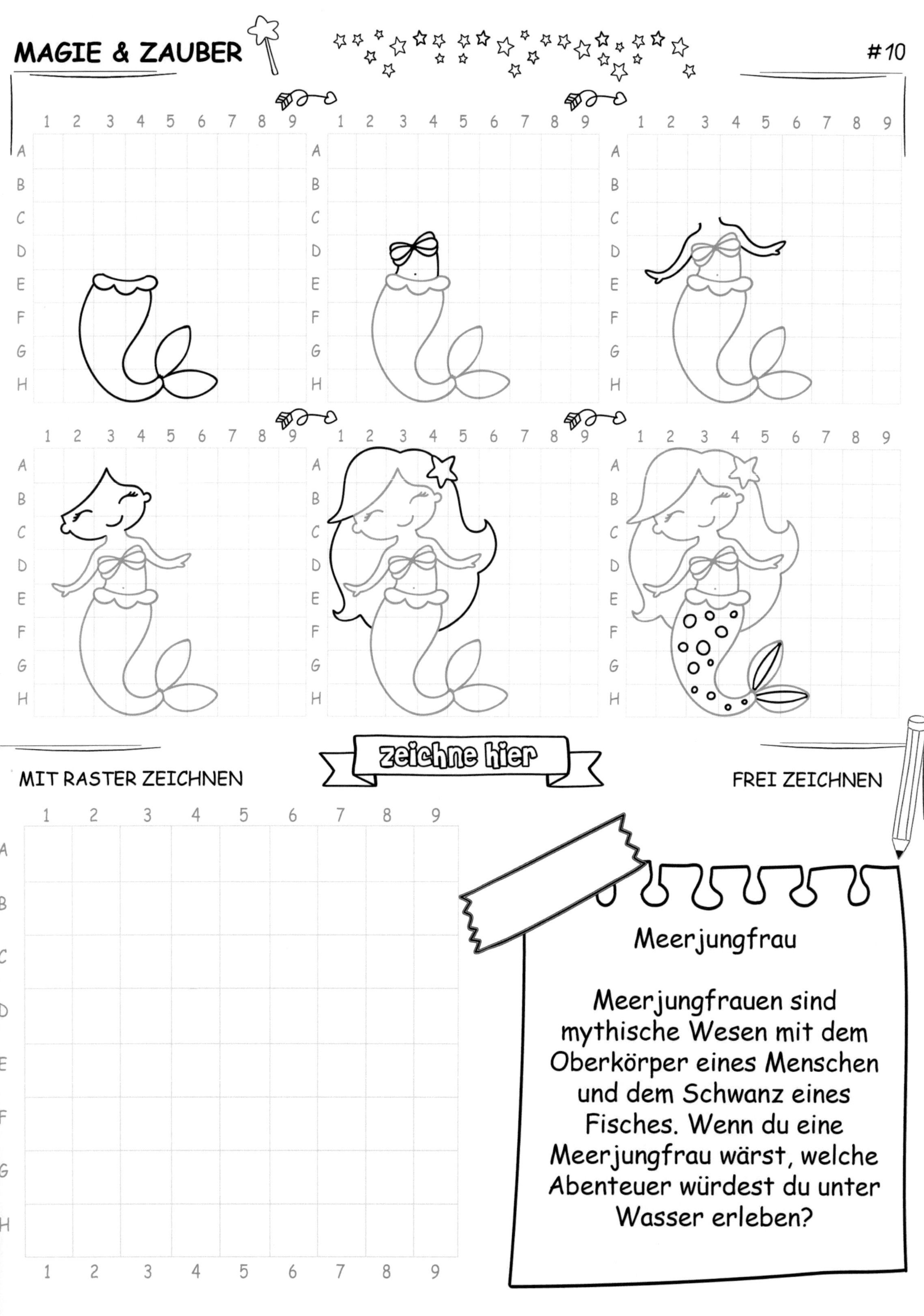

MIT RASTER ZEICHNEN

zeichne hier

FREI ZEICHNEN

Meerjungfrau

Meerjungfrauen sind mythische Wesen mit dem Oberkörper eines Menschen und dem Schwanz eines Fisches. Wenn du eine Meerjungfrau wärst, welche Abenteuer würdest du unter Wasser erleben?

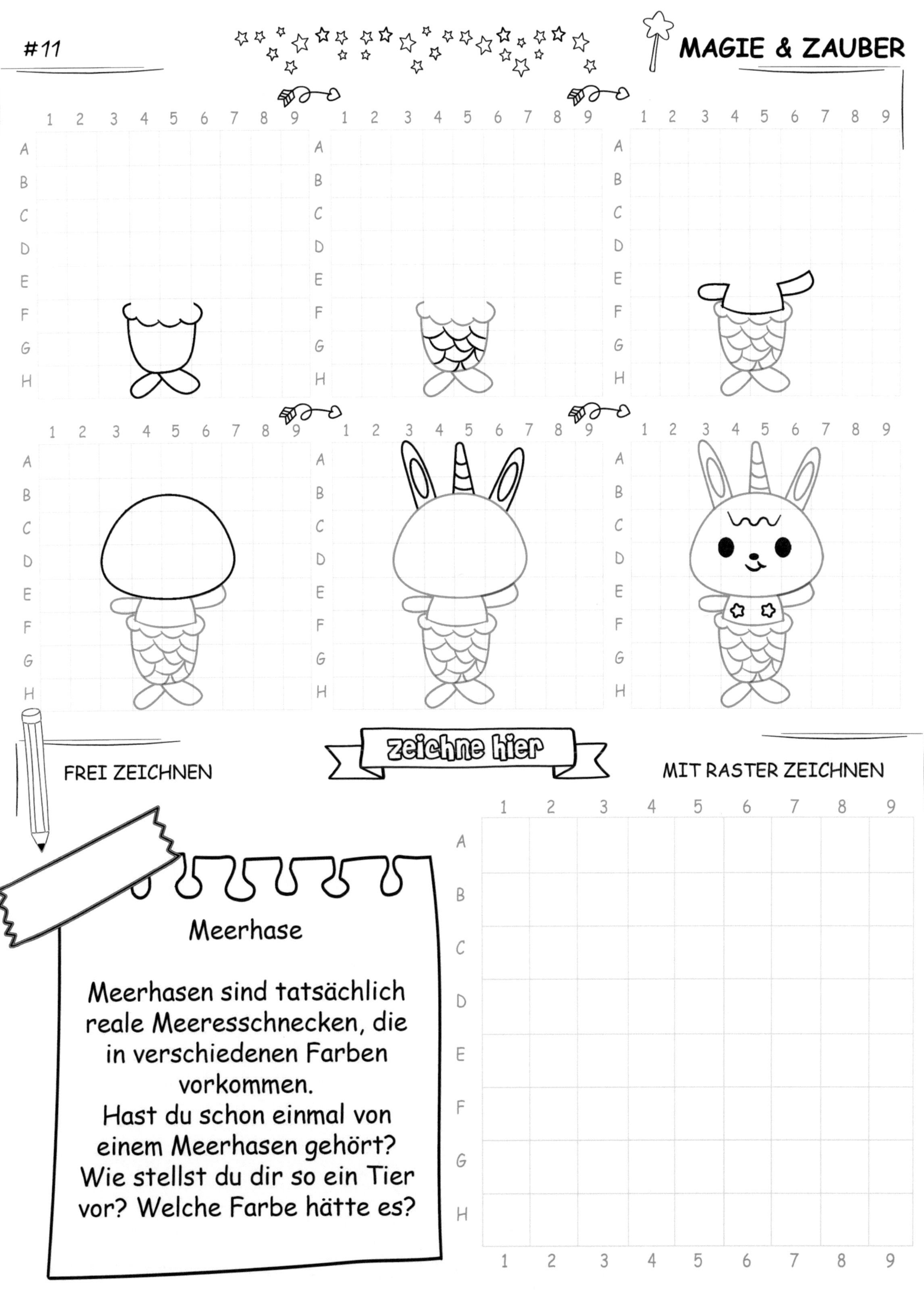
FREI ZEICHNEN
zeichne hier
MIT RASTER ZEICHNEN
Meerhase

Meerhasen sind tatsächlich reale Meeresschnecken, die in verschiedenen Farben vorkommen.
Hast du schon einmal von einem Meerhasen gehört? Wie stellst du dir so ein Tier vor? Welche Farbe hätte es?

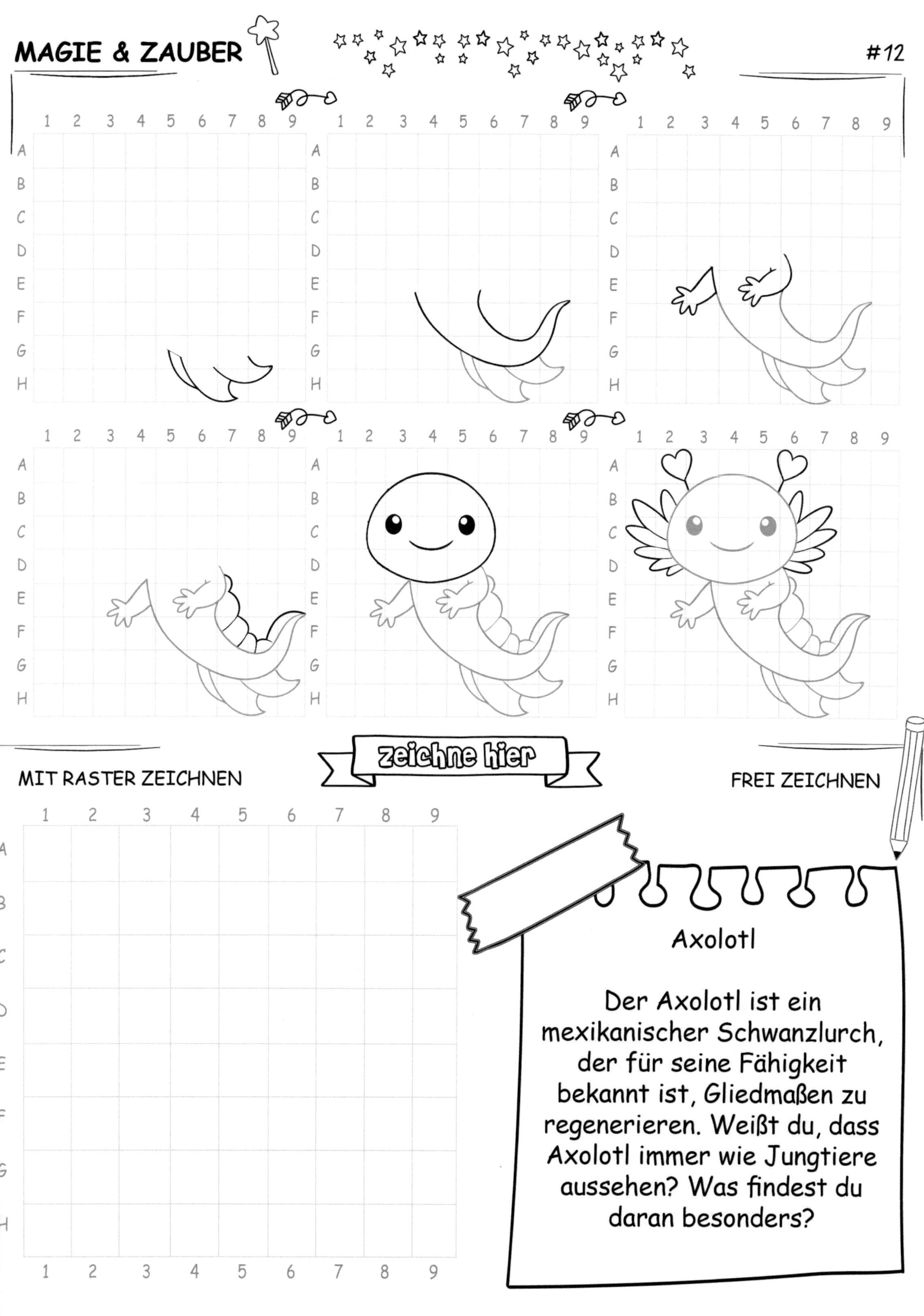

MIT RASTER ZEICHNEN
zeichne hier
FREI ZEICHNEN
Axolotl
Der Axolotl ist ein mexikanischer Schwanzlurch, der für seine Fähigkeit bekannt ist, Gliedmaßen zu regenerieren. Weißt du, dass Axolotl immer wie Jungtiere aussehen? Was findest du daran besonders?

MAGIE & ZAUBER

FREI ZEICHNEN

MIT RASTER ZEICHNEN

Einhornwal

Der Narwal wird oft als „Einhorn der Meere" bezeichnet, da er einen langen, spiralförmigen Stoßzahn hat. Wie stellst du dir einen Wal mit einem Einhornhorn vor? Was könnte er Besonderes tun?

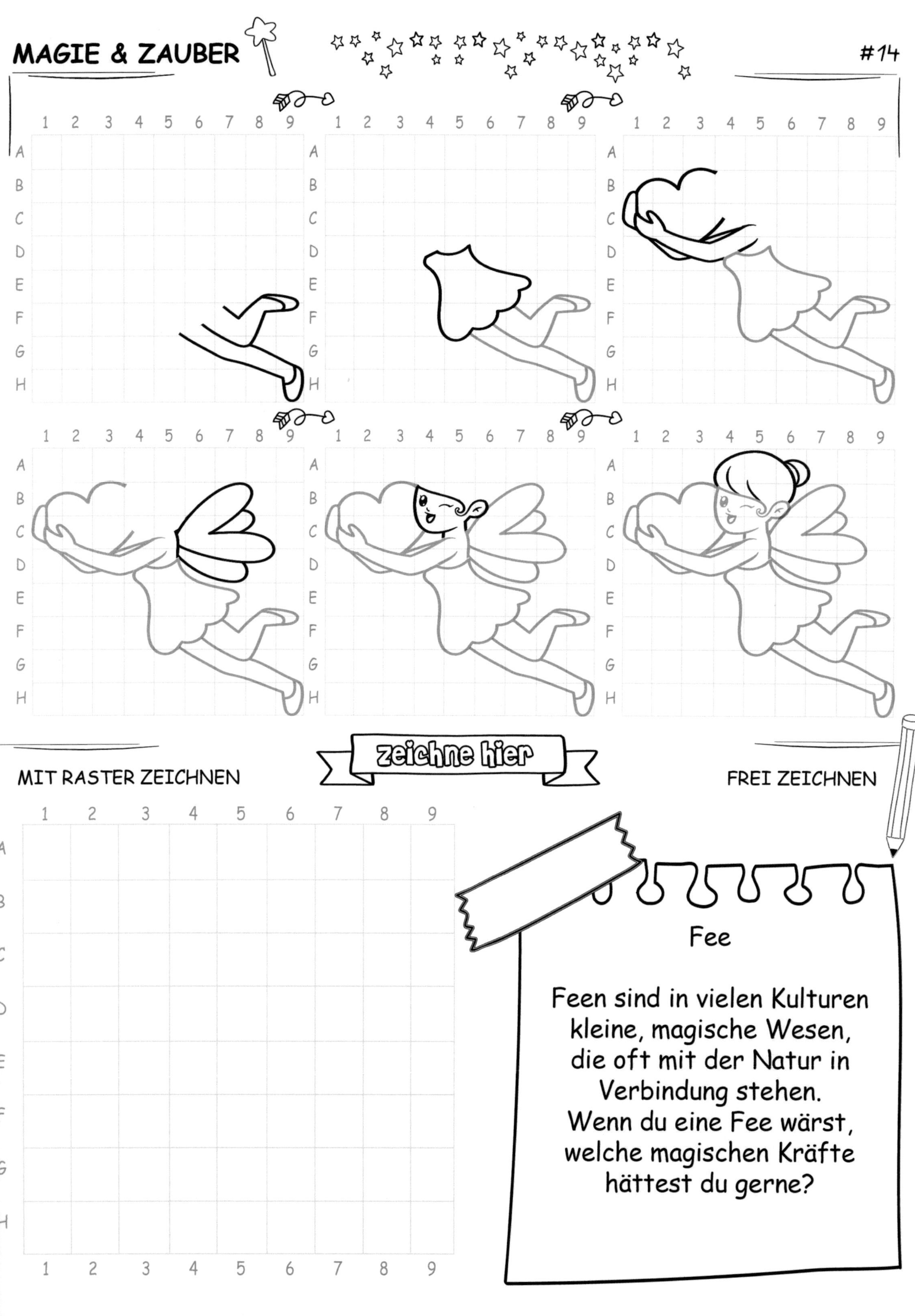

MIT RASTER ZEICHNEN

FREI ZEICHNEN

Fee

Feen sind in vielen Kulturen kleine, magische Wesen, die oft mit der Natur in Verbindung stehen.
Wenn du eine Fee wärst, welche magischen Kräfte hättest du gerne?

MAGIE & ZAUBER

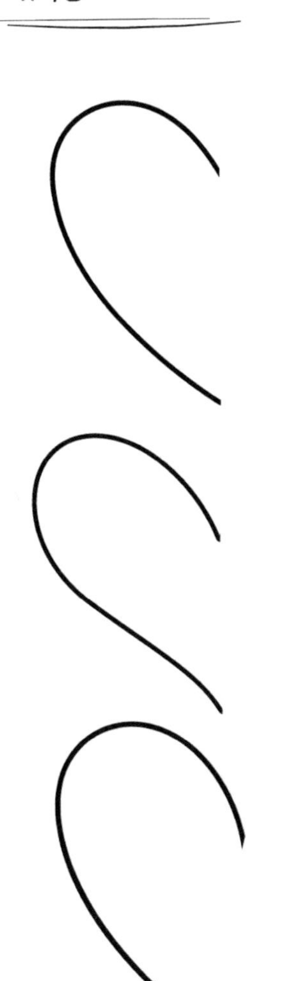

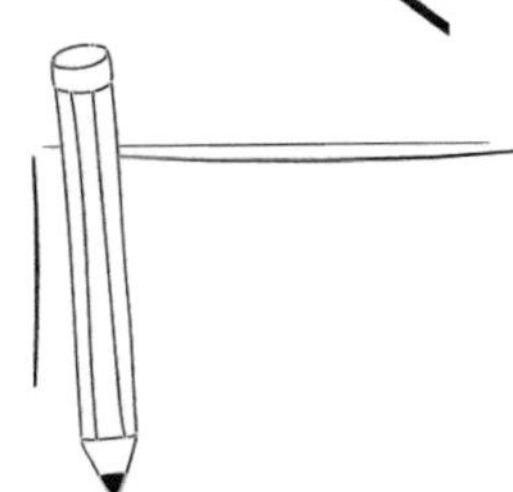

MIT RASTER ZEICHNEN
zeichne hier
FREI ZEICHNEN
Wunsch
In vielen Märchen erfüllen Feen oder Flaschengeister drei Wünsche.
Wenn du drei Wünsche frei hättest, welche wären das?
Was würdest du als Erstes zaubern, wenn du einen echten Zauberstab hättest?

MAGIE & ZAUBER

 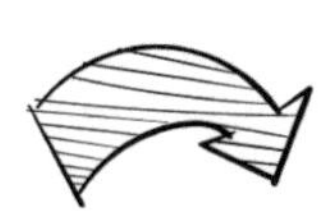   

 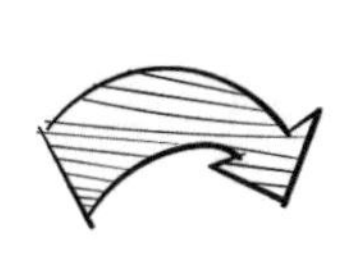   

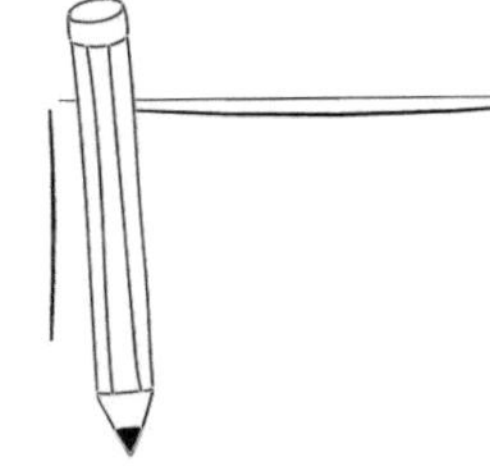

zeichne hier

MIT RASTER ZEICHNEN

zeichne hier

FREI ZEICHNEN

Elf

Elfen sind in der Mythologie oft als naturverbundene, magische Wesen dargestellt. Hast du schon einmal von Elfen gehört? Was denkst du, wie sie leben?

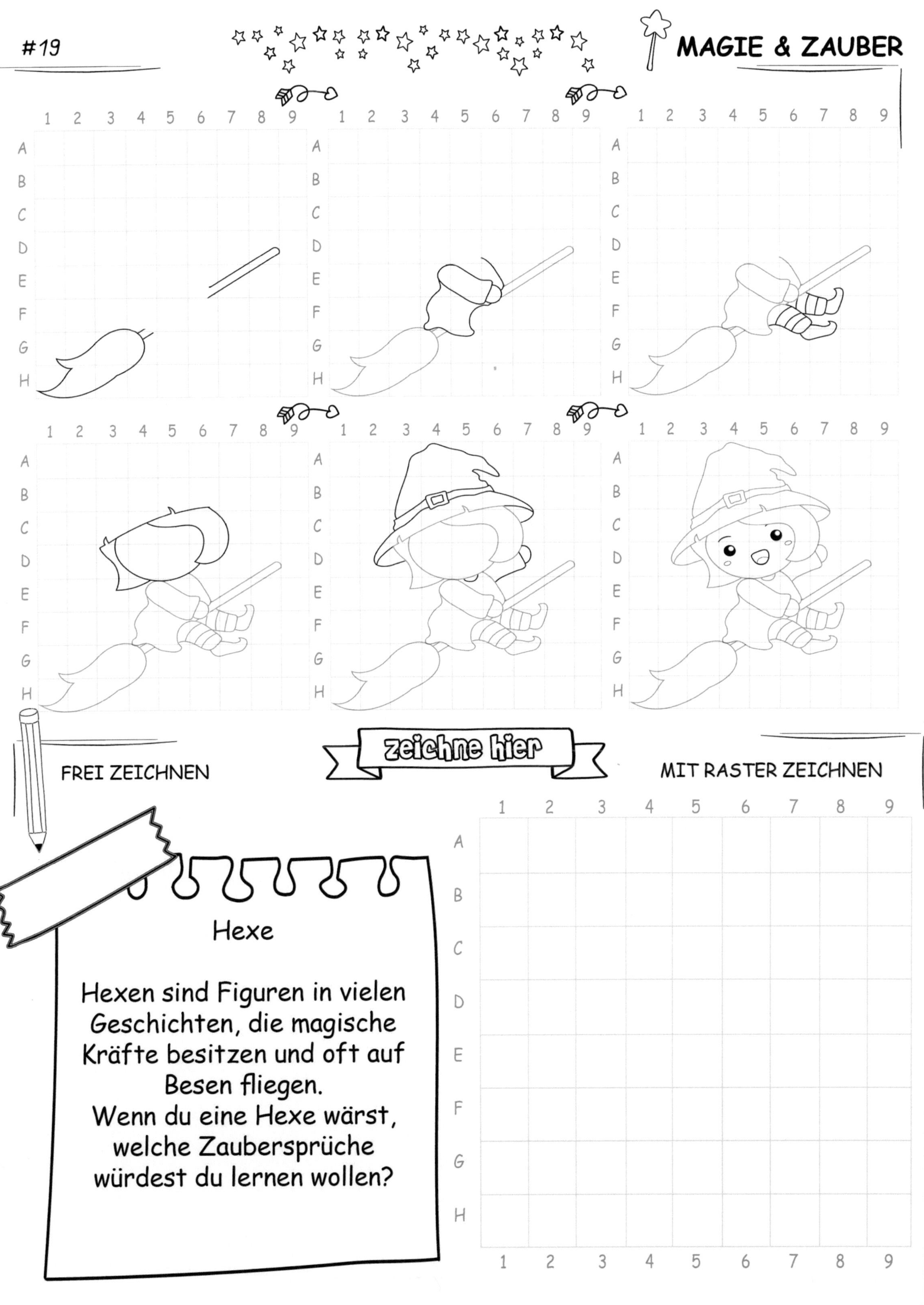

MAGIE & ZAUBER

Hexe

Hexen sind Figuren in vielen Geschichten, die magische Kräfte besitzen und oft auf Besen fliegen.
Wenn du eine Hexe wärst, welche Zaubersprüche würdest du lernen wollen?

MIT RASTER ZEICHNEN

zeichne hier

FREI ZEICHNEN

Prinzessin

Prinzessinnen sind in Märchen oft mutige und freundliche Figuren, die Abenteuer erleben. Wie stellst du dir das Leben einer Prinzessin vor? Wenn du eine Krone tragen könntest, wie würde sie aussehen?

MAGIE & ZAUBER

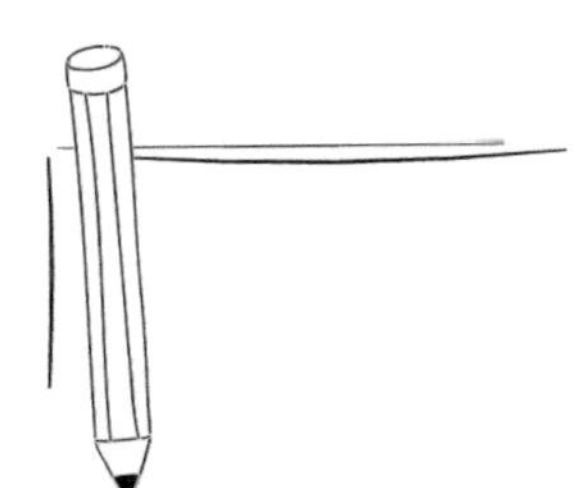

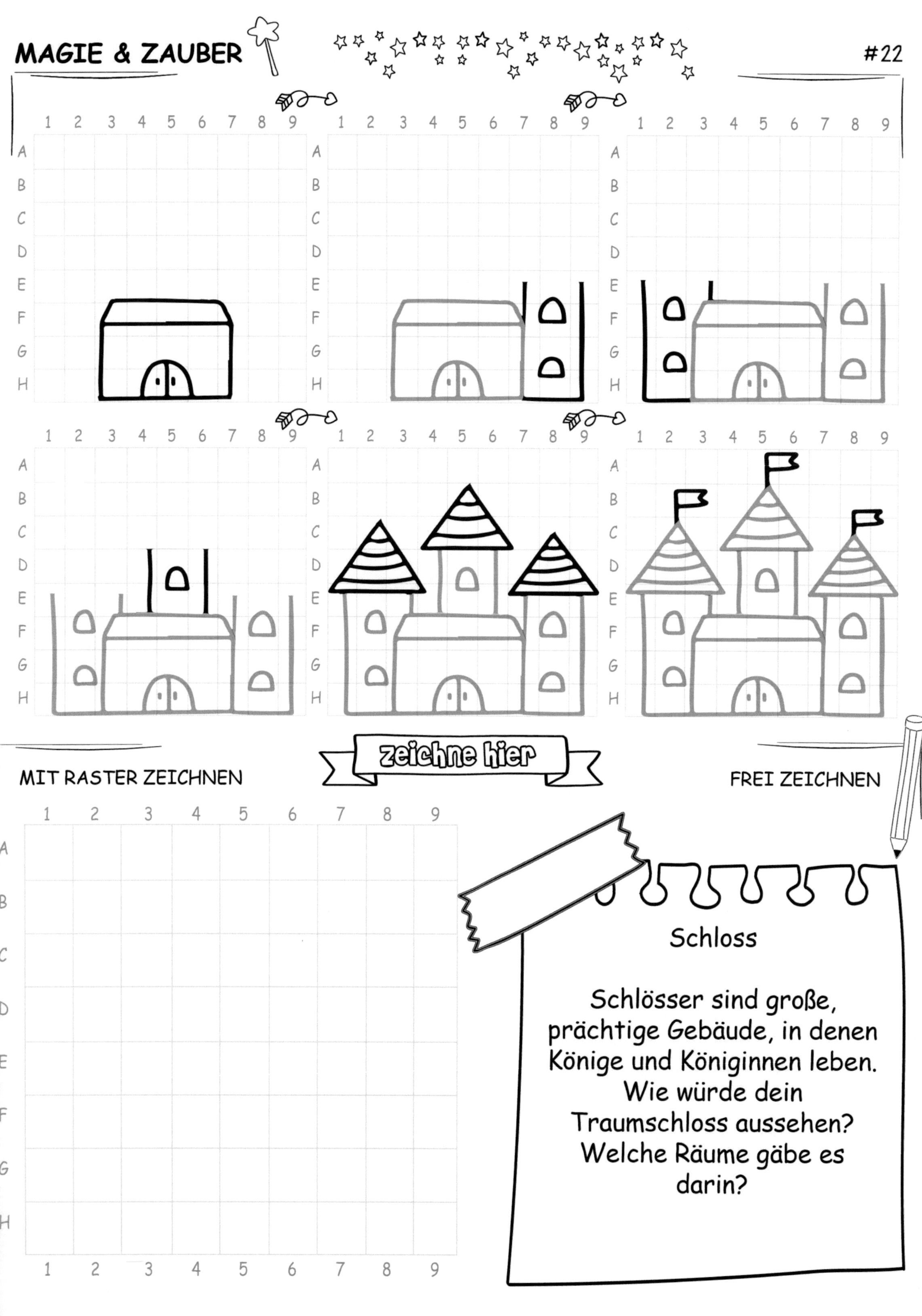

MIT RASTER ZEICHNEN

FREI ZEICHNEN

Schloss

Schlösser sind große, prächtige Gebäude, in denen Könige und Königinnen leben. Wie würde dein Traumschloss aussehen? Welche Räume gäbe es darin?

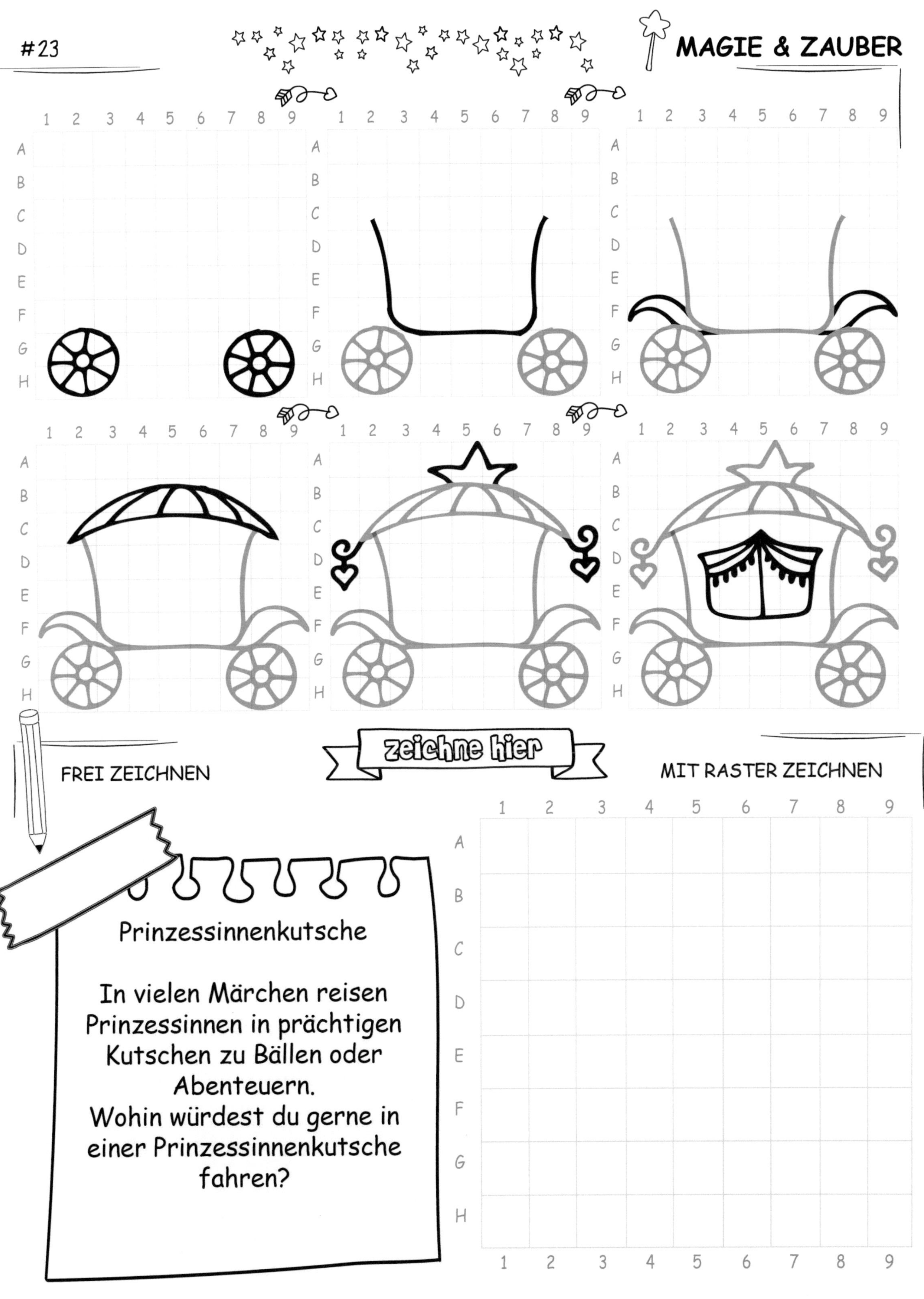

FREI ZEICHNEN

zeichne hier

MIT RASTER ZEICHNEN

Prinzessinnenkutsche

In vielen Märchen reisen Prinzessinnen in prächtigen Kutschen zu Bällen oder Abenteuern.
Wohin würdest du gerne in einer Prinzessinnenkutsche fahren?

MIT RASTER ZEICHNEN

FREI ZEICHNEN

Engel

Engel werden oft als himmlische Boten des Lichts dargestellt, die Gutes tun. Hast du schon einmal von Engeln gehört? Was denkst du, was sie tun?

MAGIE & ZAUBER

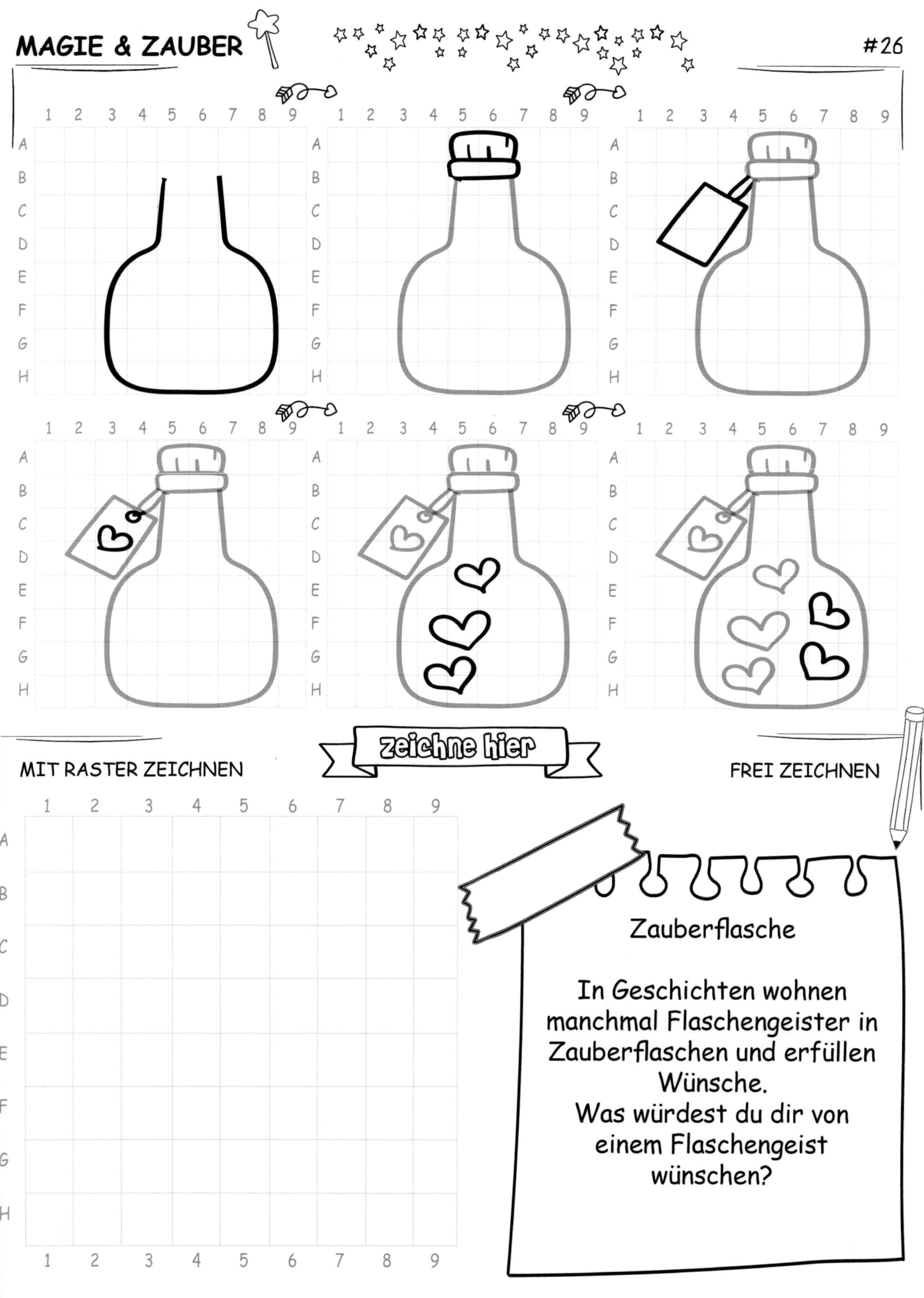

MIT RASTER ZEICHNEN

FREI ZEICHNEN

Zauberflasche

In Geschichten wohnen manchmal Flaschengeister in Zauberflaschen und erfüllen Wünsche.
Was würdest du dir von einem Flaschengeist wünschen?

MAGIE & ZAUBER

FREI ZEICHNEN

zeichne hier

MIT RASTER ZEICHNEN

Zauberbuch

Zauberbücher enthalten magische Sprüche und Anleitungen für Zauber. Wenn du ein Zauberbuch hättest, welchen Zauber würdest du als Erstes ausprobieren?

Zeichne zuerst ein ziemlich breites Herz ganz leicht mit einem Bleistift vor. Das wird am Schluss wieder wegradiert, wenn du das Bild nachgezogen hast.

Genau darüber malst du einen Halbkreis.

Wenn du jetzt zwei Ecken links und rechts vom Herz zeichnest, entsteht daraus schon ein Kinn.

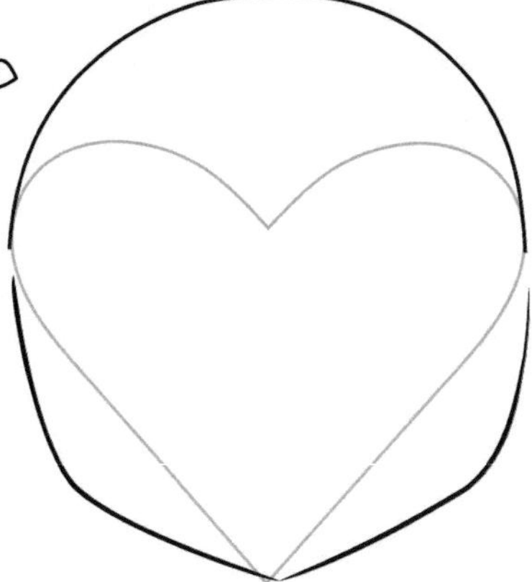

Etwas unterhalb skizzierst du die beiden Ohren.

In die Ecken des Herzens zeichnest du die Augenbrauen.

Etwas unterhalb, wo sich der Kreis und das Herz treffen, beginnst du mit den Augen.

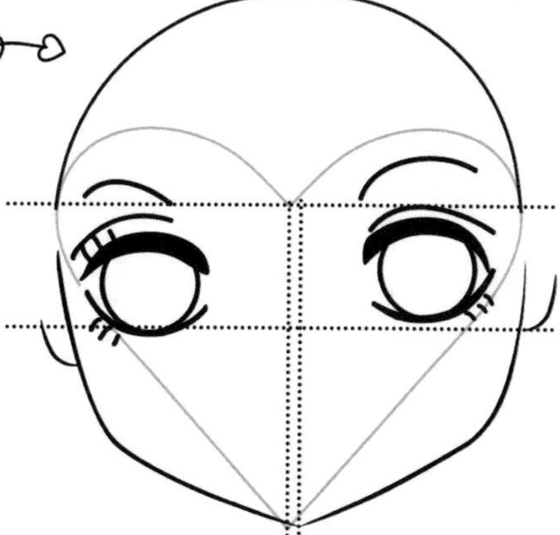

Für die Nase zeichnest du einen einfachen Strich.

In die Spitze des Herzens kommt dann der Mund.

Radiere das Herz und das kleine Dreieck bei der Nase weg und schmücke die Augen mit Details – fertig ist das Gesicht. Zeichne jetzt noch Haare dazu.

figur zeichnen

1

Zeichne zuerst die beiden Striche für den Bauch bzw. die Taille.

2

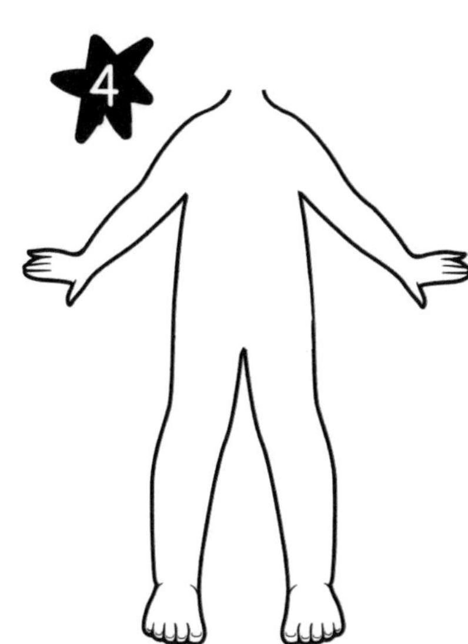

Dann zeichnest du den ersten Arm. Beginne damit, die Hand mit einer ovalen Form zu skizzieren. Dann folgt der zweite Arm.

3

Als nächstes folgt das erste Bein.

4

Im weiteren Schritt zeichnest du das zweite Bein und fügst Details an den Händen und Füßen hinzu – fertig ist der Körper.

zeichne hier

NACHZEICHNEN

SELBSTZEICHNEN

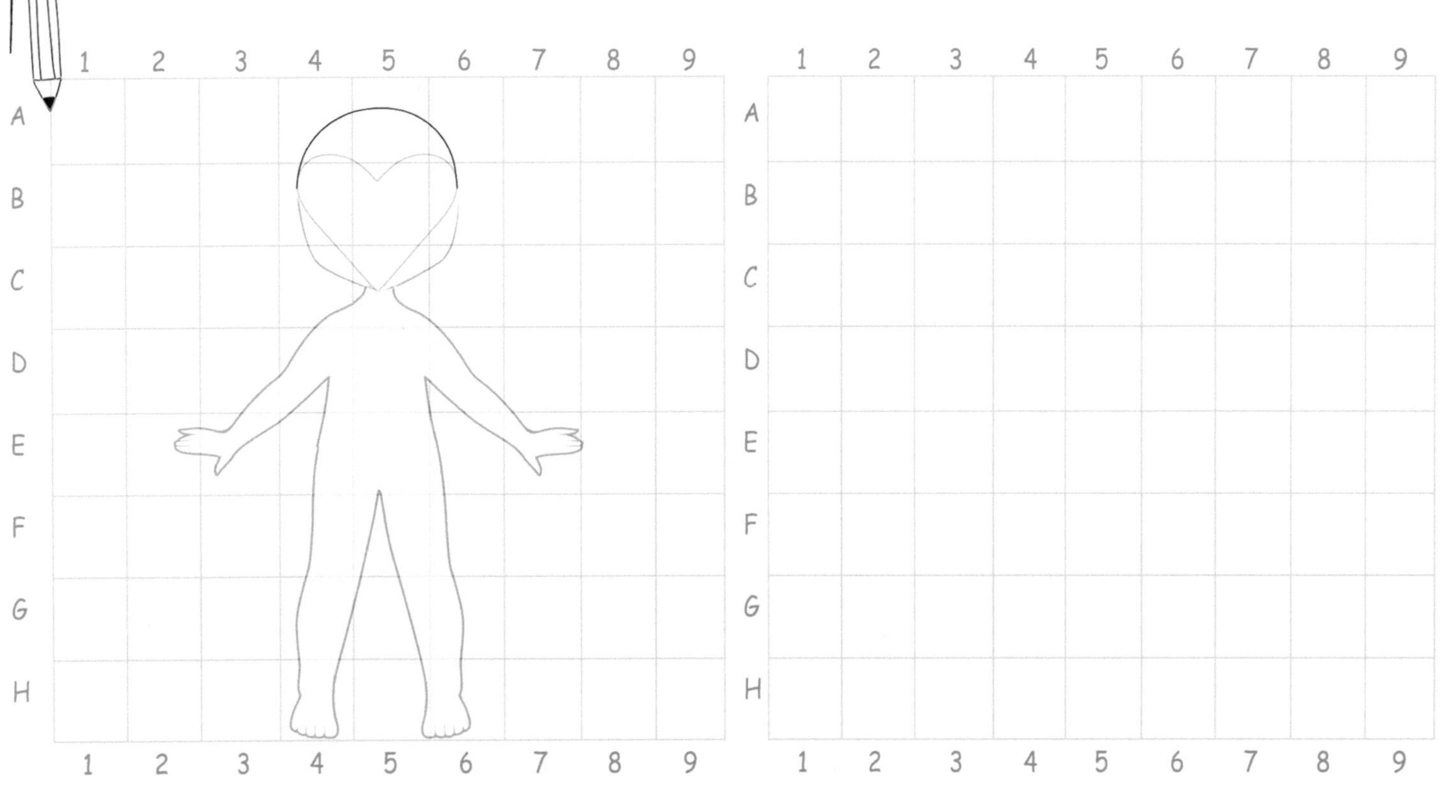

outfits zeichnen

FIGUR ZEICHNEN & STYLEN

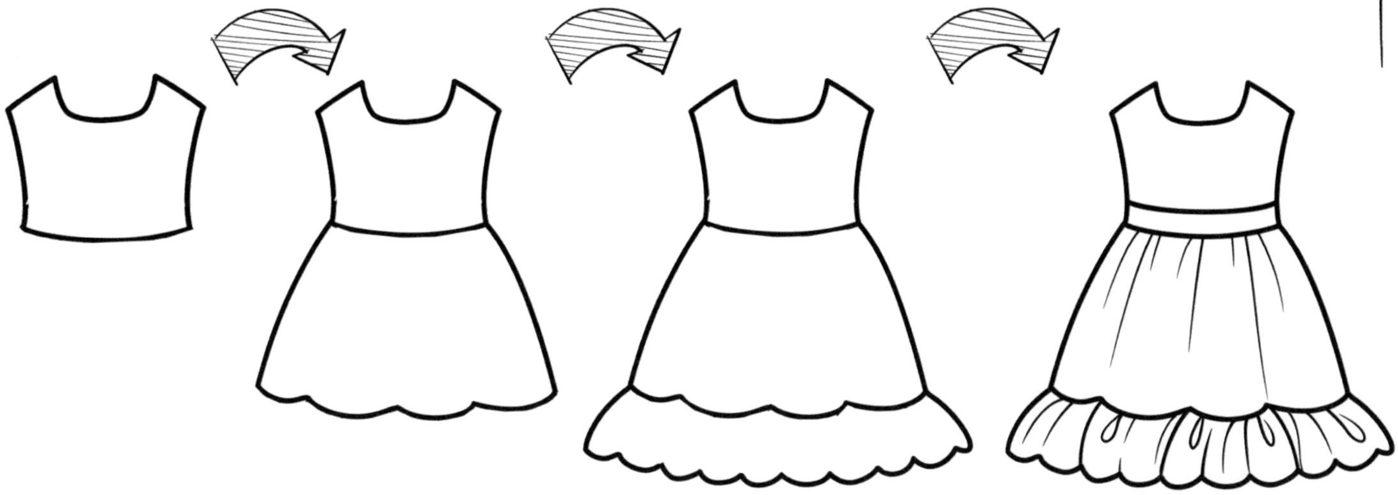

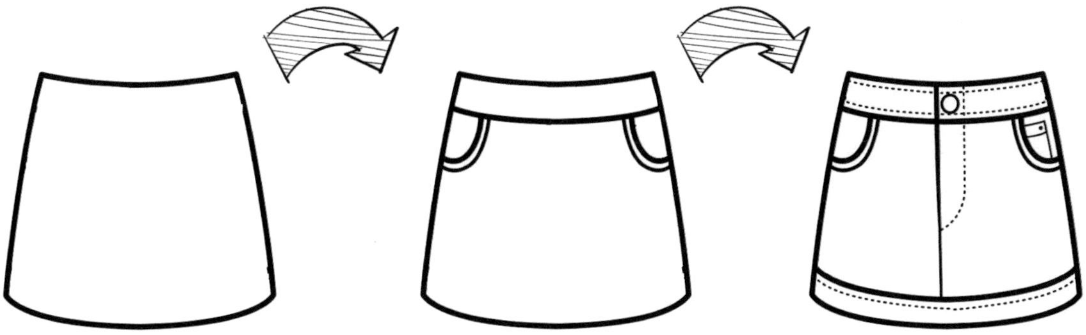

ZEICHENRASTER
mit Figur hier zum Downloaden
oder per Link:
www.schatzsuchen.at/zeichnen-lernen

zeichne hier

NACHZEICHNEN

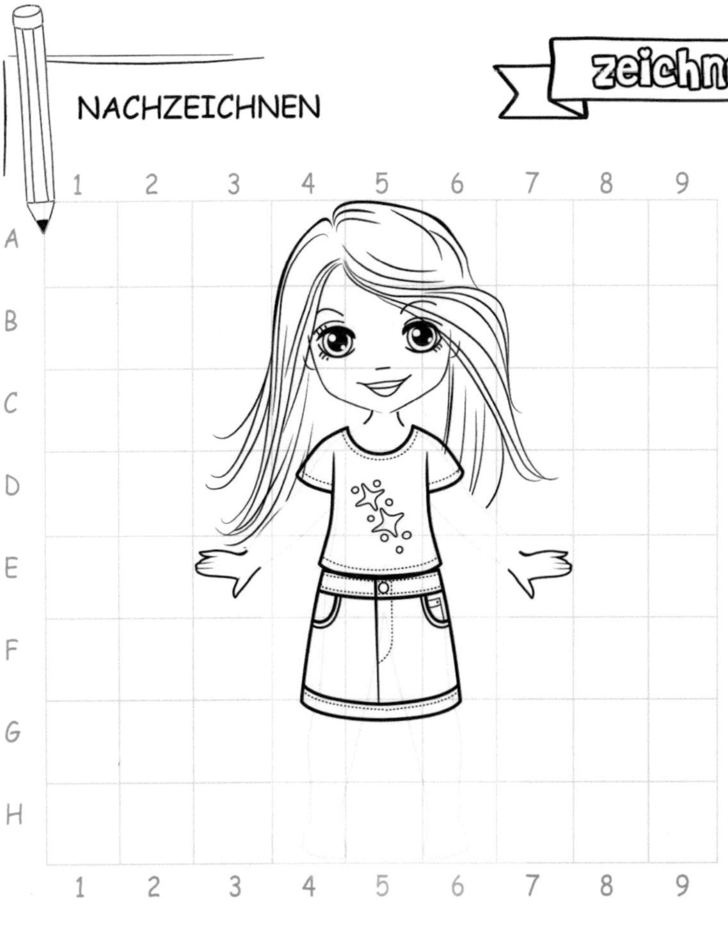

SELBSTZEICHNEN

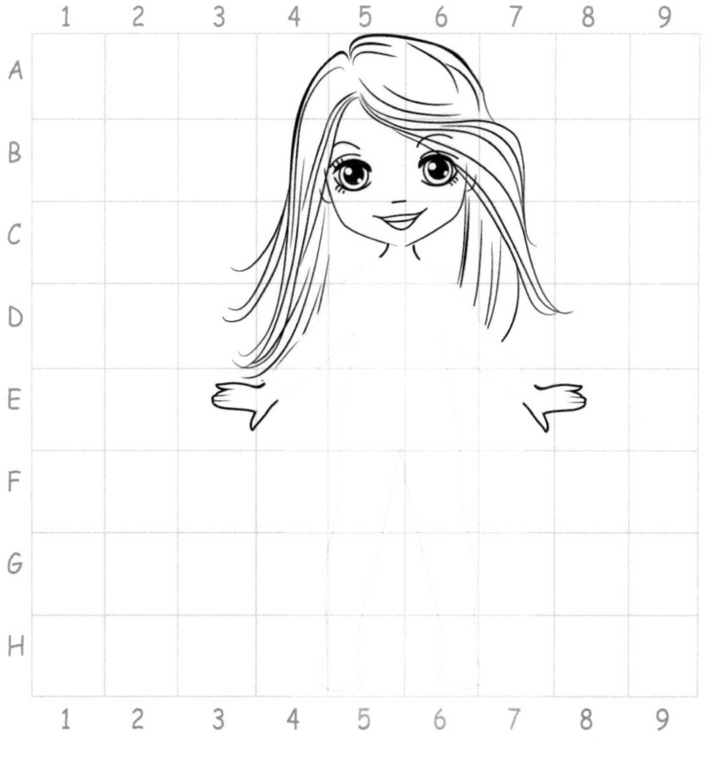

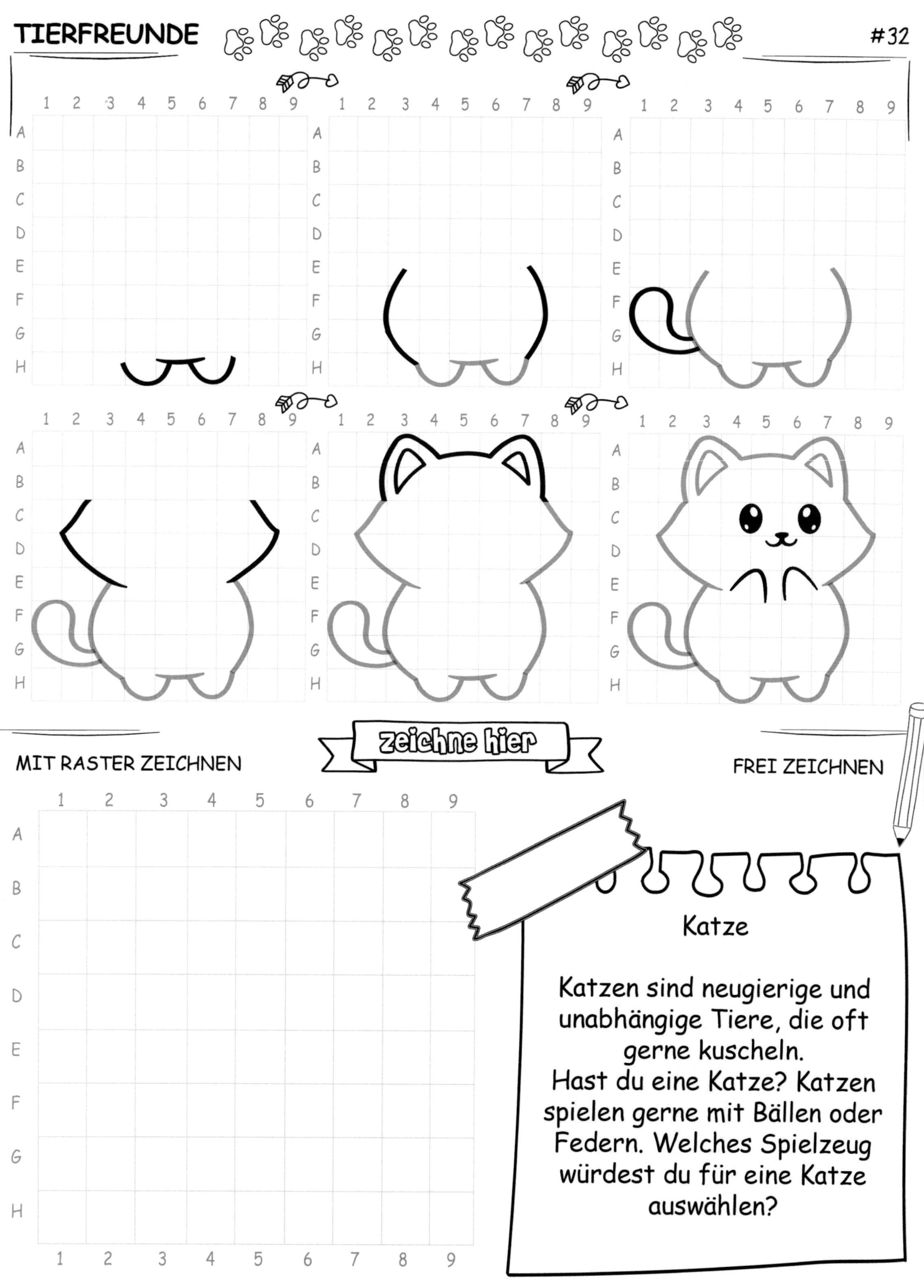

MIT RASTER ZEICHNEN

FREI ZEICHNEN

Katze

Katzen sind neugierige und unabhängige Tiere, die oft gerne kuscheln.
Hast du eine Katze? Katzen spielen gerne mit Bällen oder Federn. Welches Spielzeug würdest du für eine Katze auswählen?

TIERFREUNDE

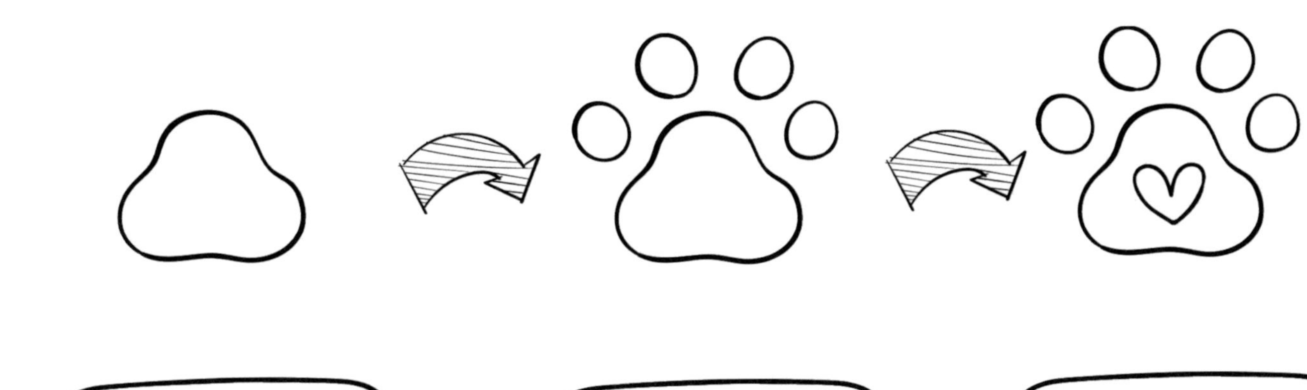

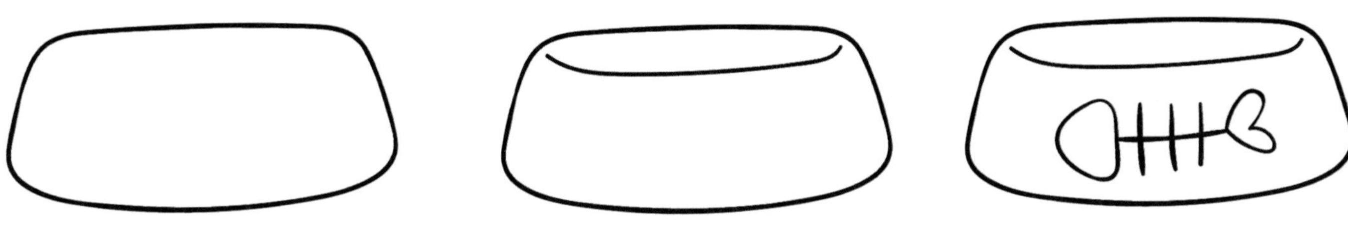

TIERFREUNDE

MIT RASTER ZEICHNEN

FREI ZEICHNEN

Hund

Hunde sind treue Freunde, die gerne mit uns spielen und Zeit verbringen. Welcher Hund gefällt dir am besten, groß oder klein? Eine gut gefüllte Futterschüssel ist das Highlight für viele Hunde. Was denkst du, fressen Hunde am liebsten?

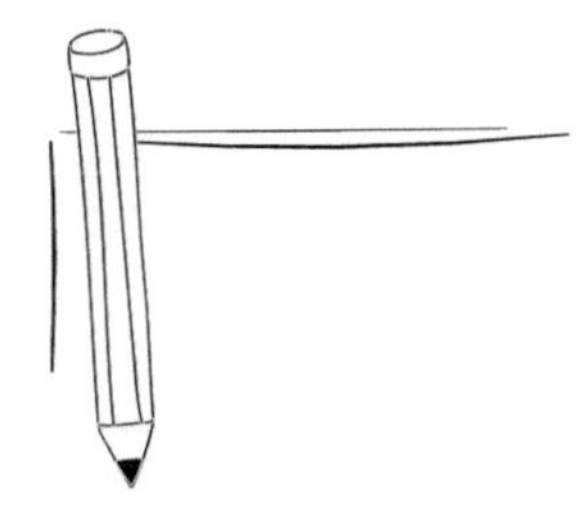

zeichne hier

MIT RASTER ZEICHNEN

FREI ZEICHNEN

Pferd

Pferde sind starke,
freundliche Tiere – einfach
beeindruckend, oder?
Bist du schon einmal geritten?
Wie hat es sich angefühlt,
auf so einem majestätischen
Tier zu sitzen?

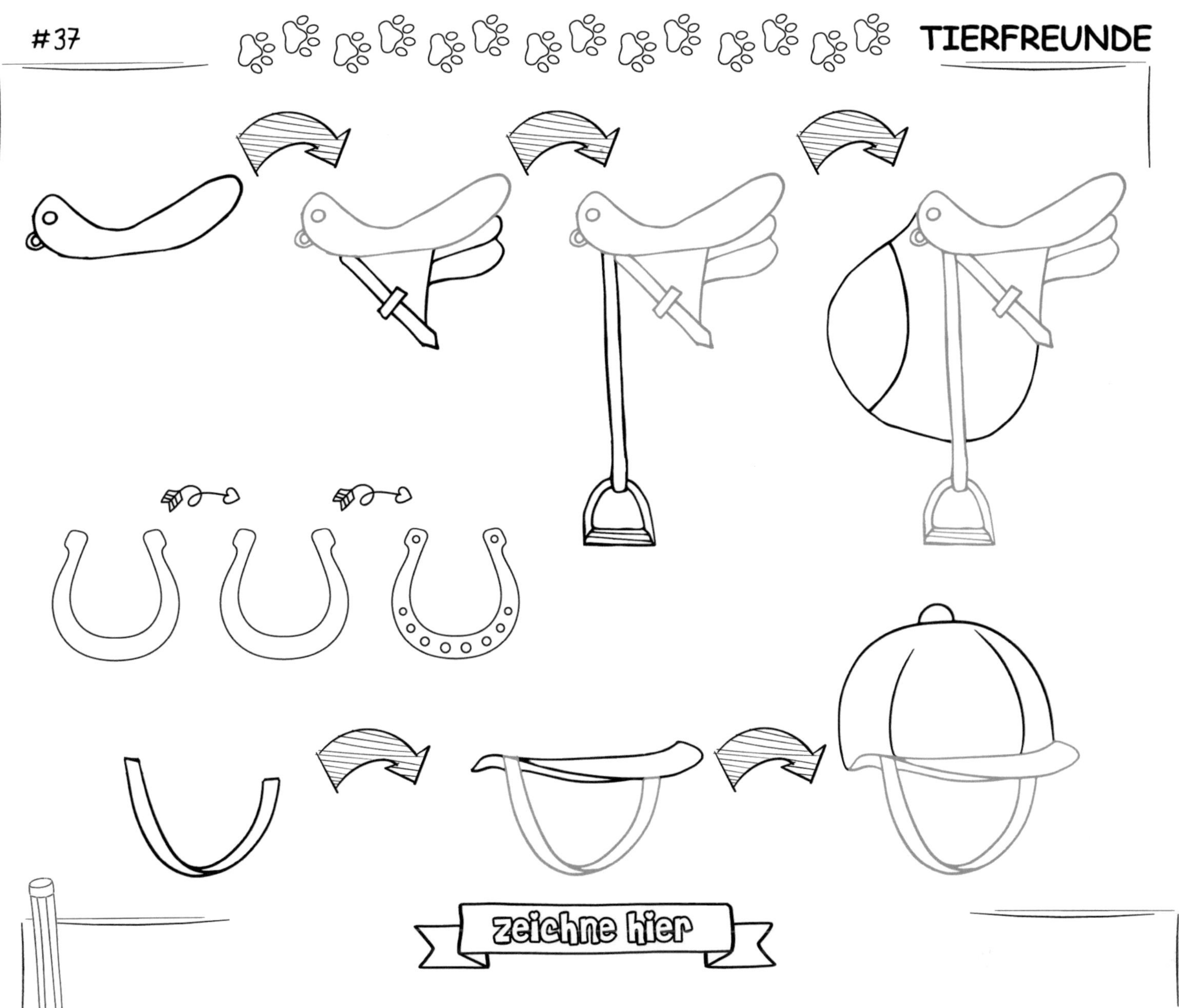

zeichne hier

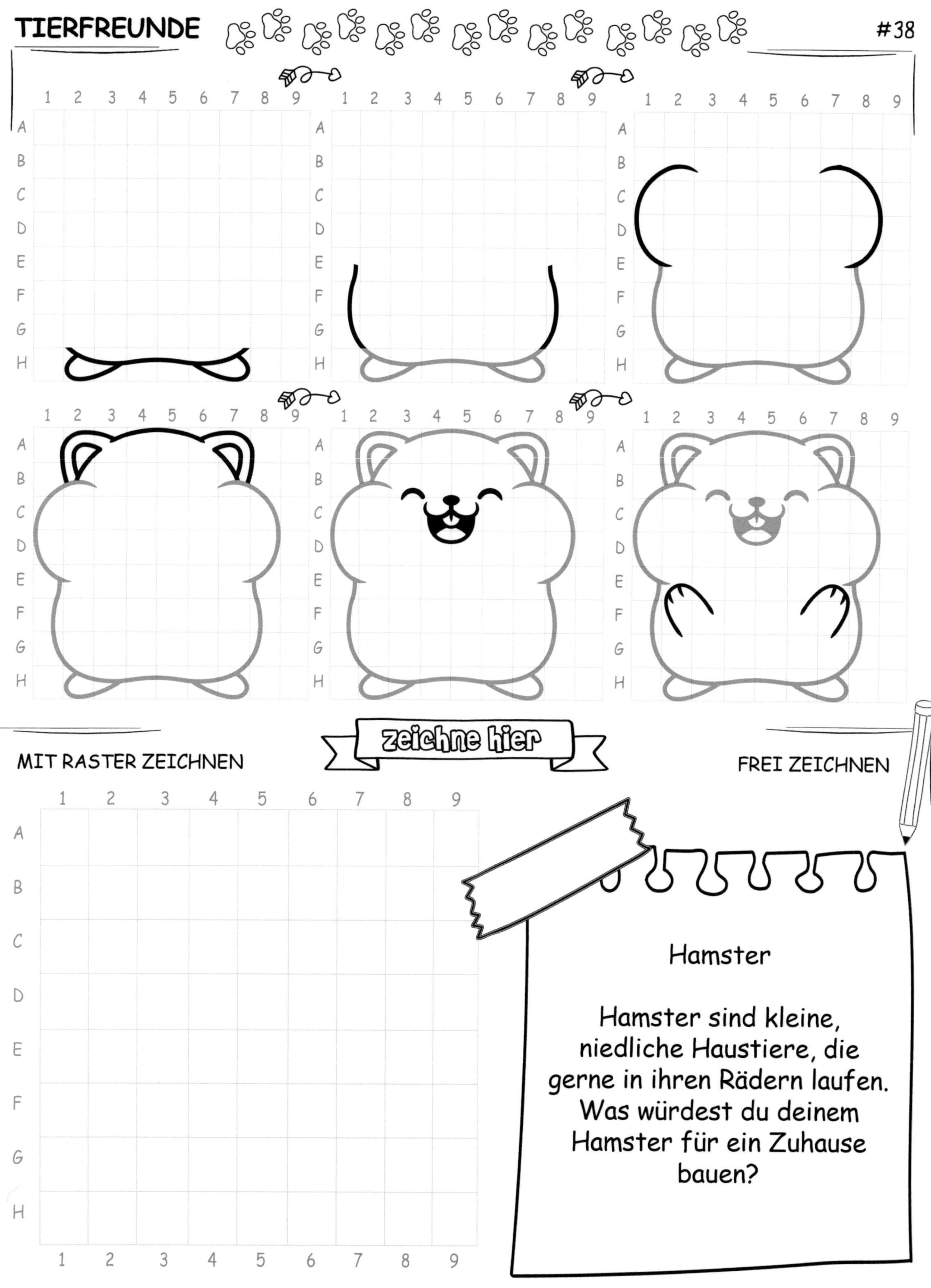

TIERFREUNDE
#38
zeichne hier
MIT RASTER ZEICHNEN
FREI ZEICHNEN
Hamster

Hamster sind kleine,
niedliche Haustiere, die
gerne in ihren Rädern laufen.
Was würdest du deinem
Hamster für ein Zuhause
bauen?

TIERFREUNDE

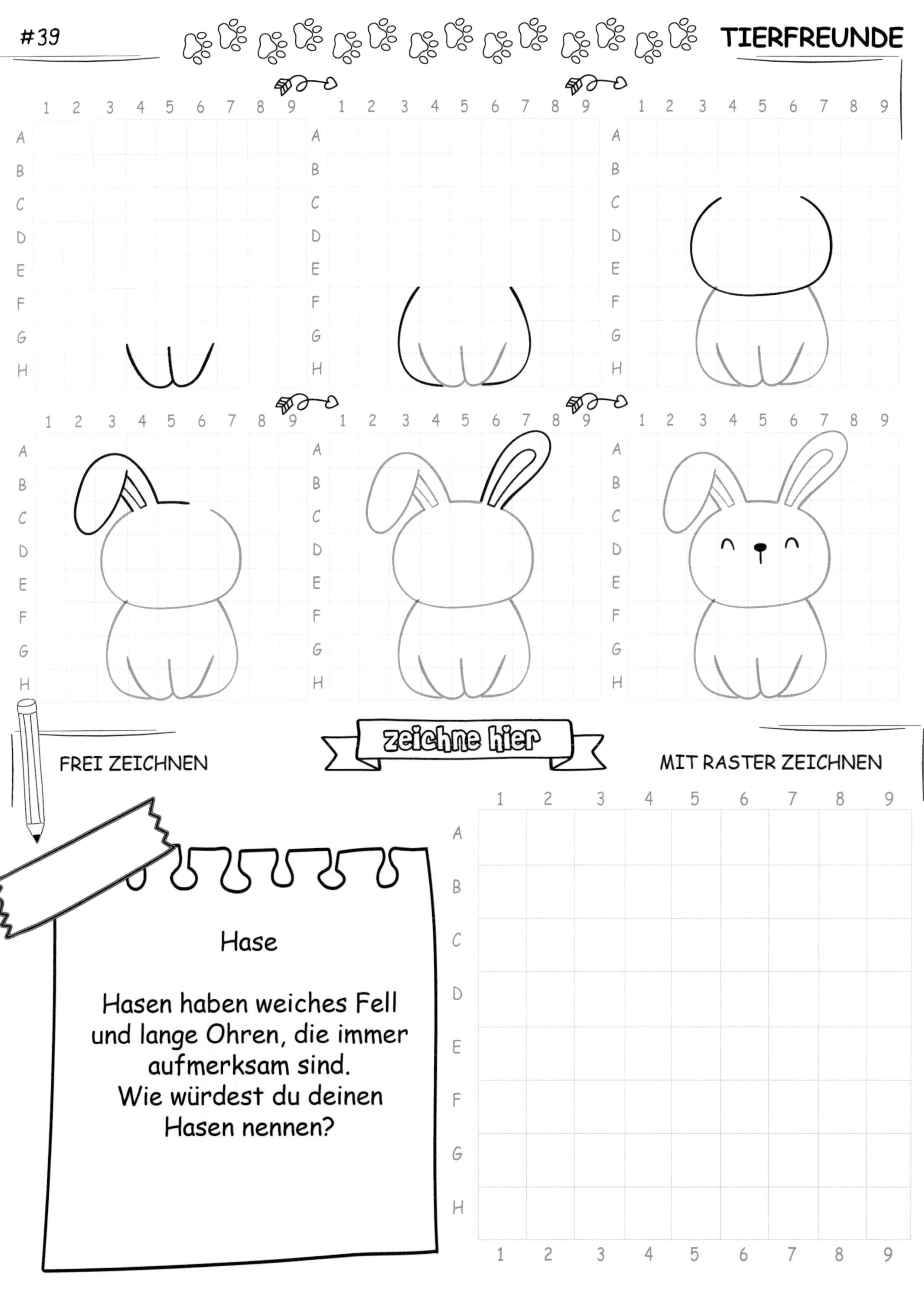

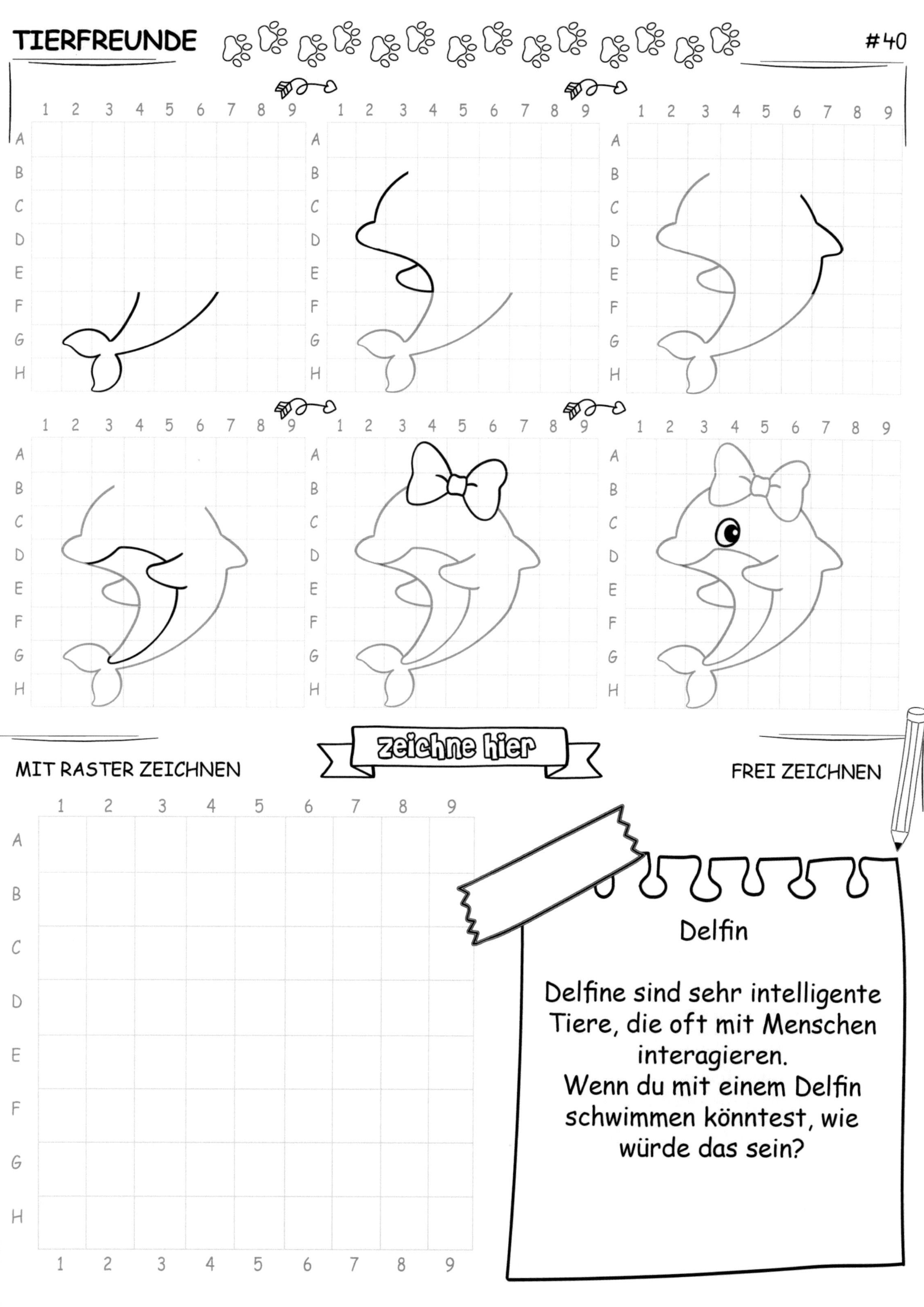

MIT RASTER ZEICHNEN

FREI ZEICHNEN

Delfin

Delfine sind sehr intelligente Tiere, die oft mit Menschen interagieren.
Wenn du mit einem Delfin schwimmen könntest, wie würde das sein?

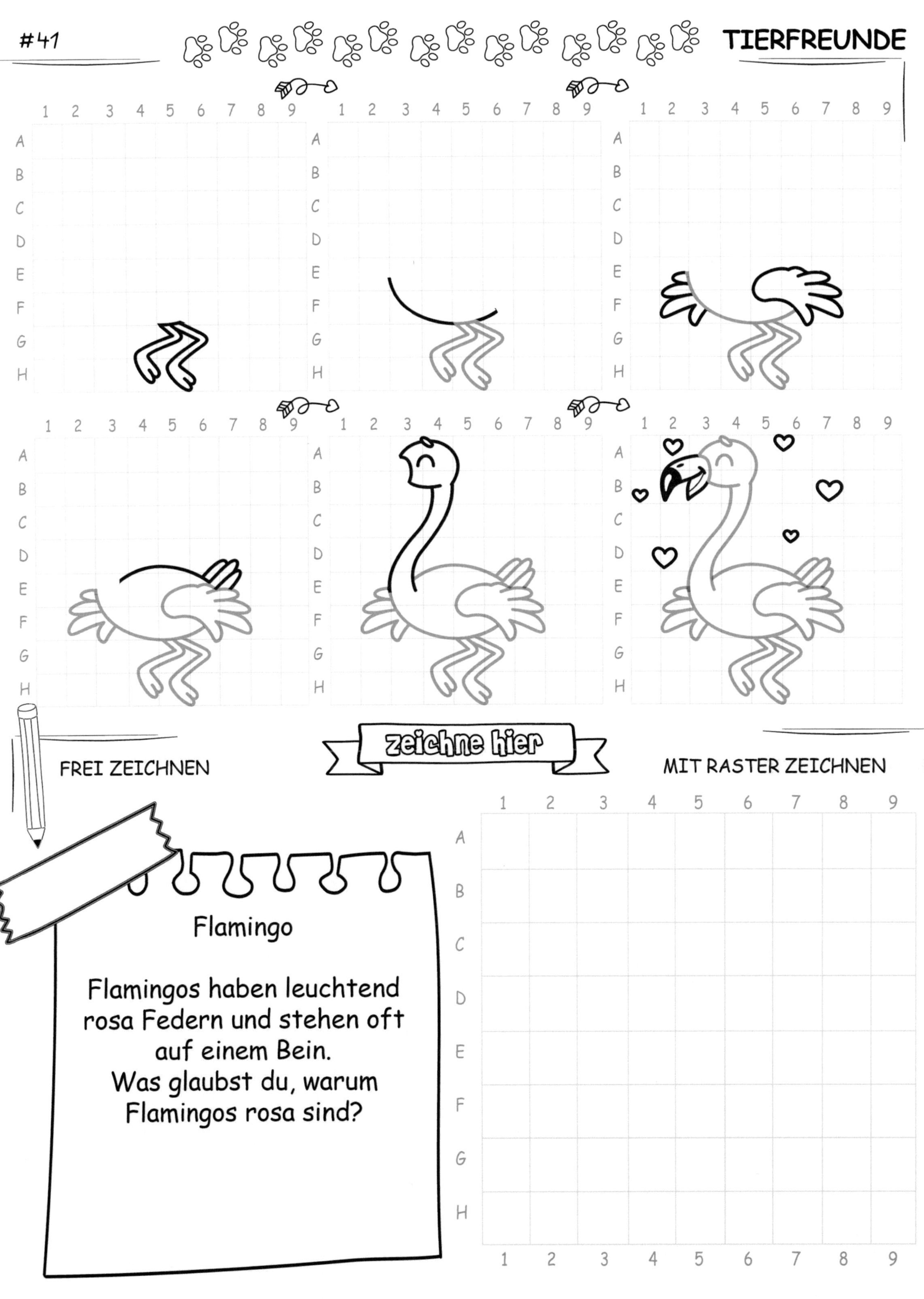

FREI ZEICHNEN

MIT RASTER ZEICHNEN

Flamingo

Flamingos haben leuchtend rosa Federn und stehen oft auf einem Bein.
Was glaubst du, warum Flamingos rosa sind?

MIT RASTER ZEICHNEN

FREI ZEICHNEN

Bär

Bären können kuschelig aussehen, aber sie sind auch stark und wild.
Welche Art von Bär findest du am interessantesten?

FREI ZEICHNEN

MIT RASTER ZEICHNEN

Koalabär

Koalas sind keine echten Bären, sondern Beuteltiere, die Eukalyptusblätter fressen.
Warum denkst du, schlafen Koalas so viel?

TIERFREUNDE
#44
MIT RASTER ZEICHNEN
zeichne hier
FREI ZEICHNEN
Igel
Igel rollen sich zu einer
Kugel zusammen, wenn sie
Angst haben.
Hast du schon einmal einen
Igel gesehen?

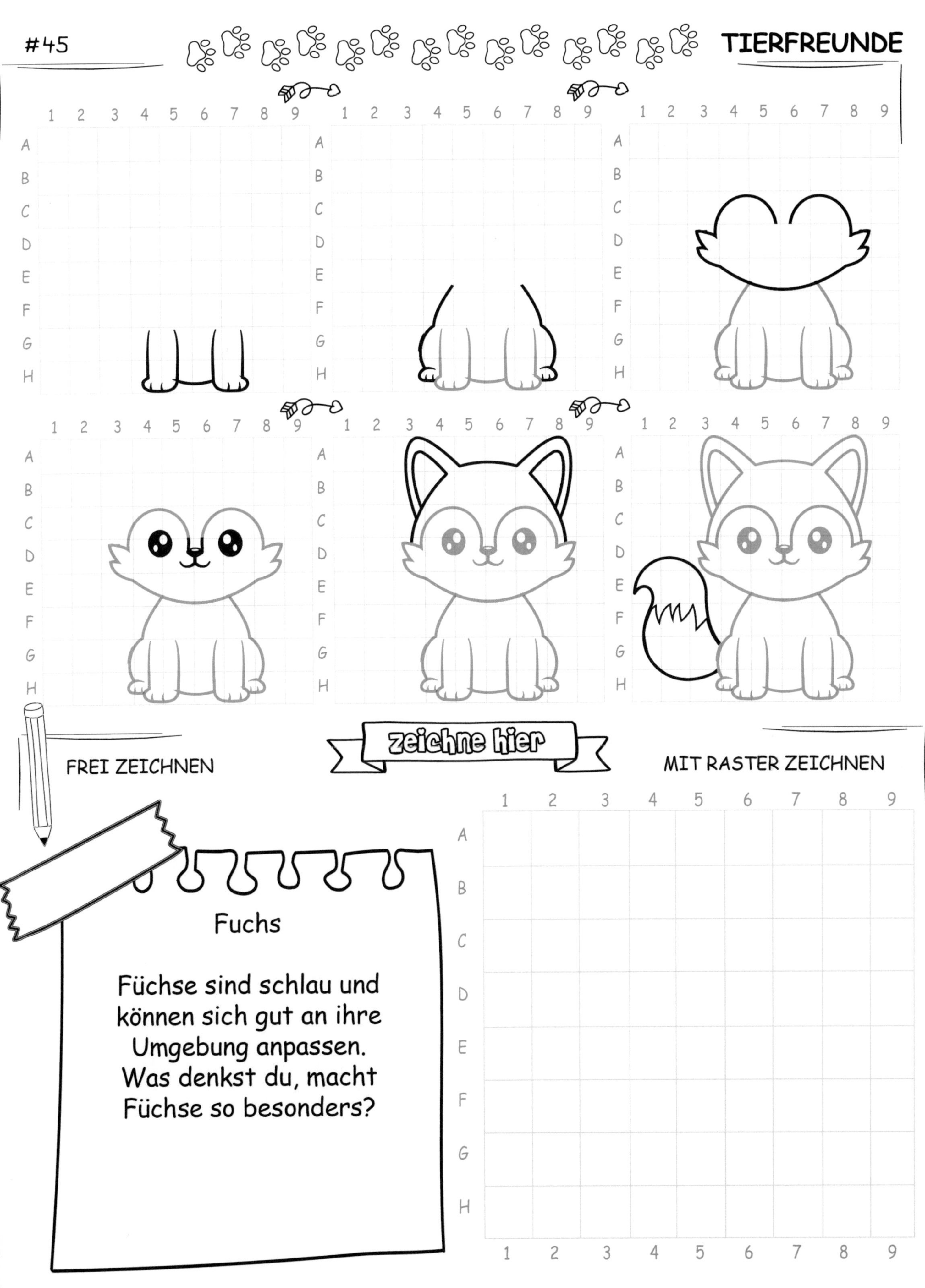
FREI ZEICHNEN
zeichne hier
MIT RASTER ZEICHNEN
Fuchs
Füchse sind schlau und können sich gut an ihre Umgebung anpassen. Was denkst du, macht Füchse so besonders?

MIT RASTER ZEICHNEN

FREI ZEICHNEN

Pinguin

Pinguine watscheln auf dem Eis und schwimmen schnell im Wasser.
Würdest du gerne einmal einen Pinguin in der Natur sehen?

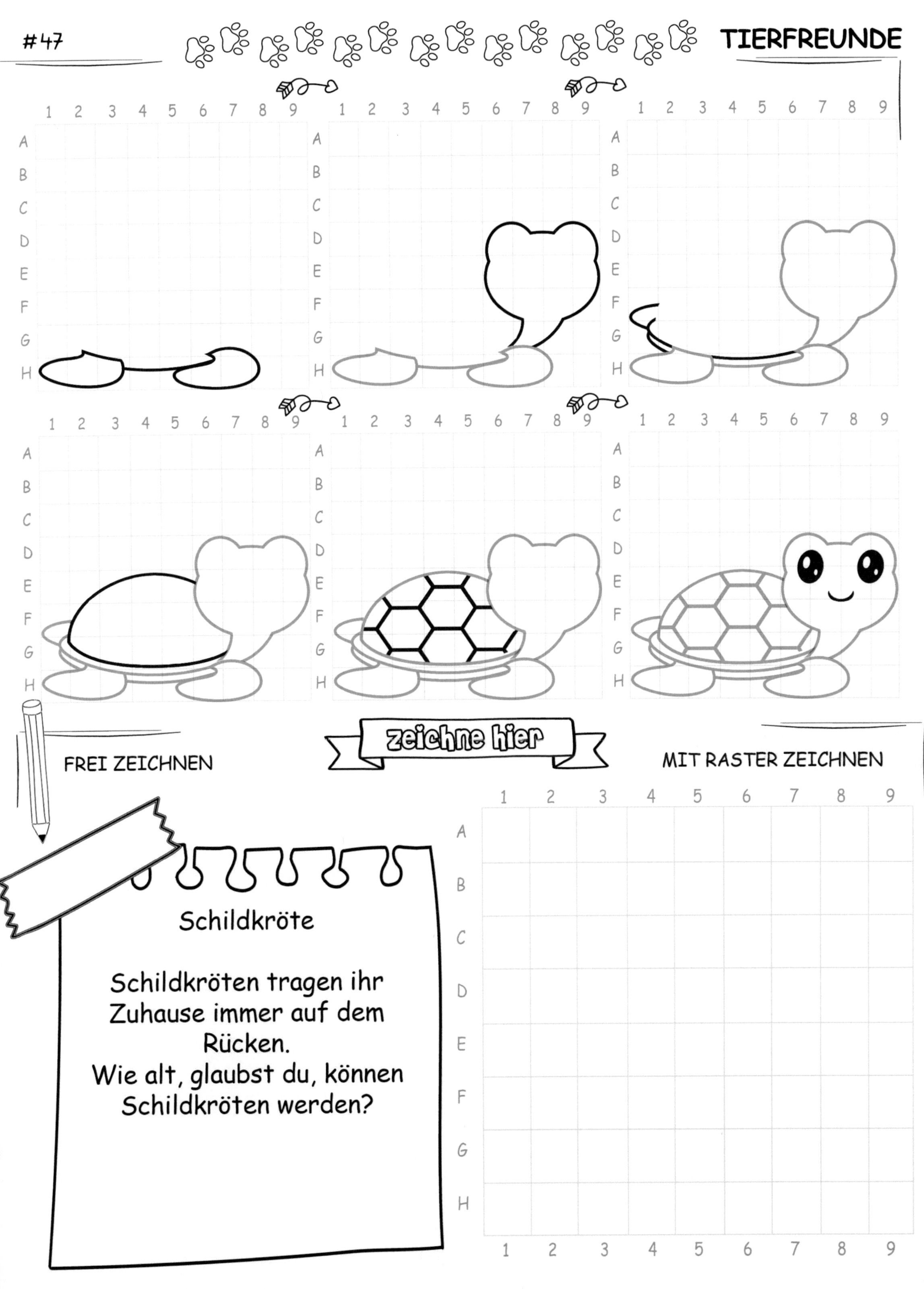
zeichne hier
FREI ZEICHNEN
MIT RASTER ZEICHNEN
Schildkröte
Schildkröten tragen ihr Zuhause immer auf dem Rücken.
Wie alt, glaubst du, können Schildkröten werden?

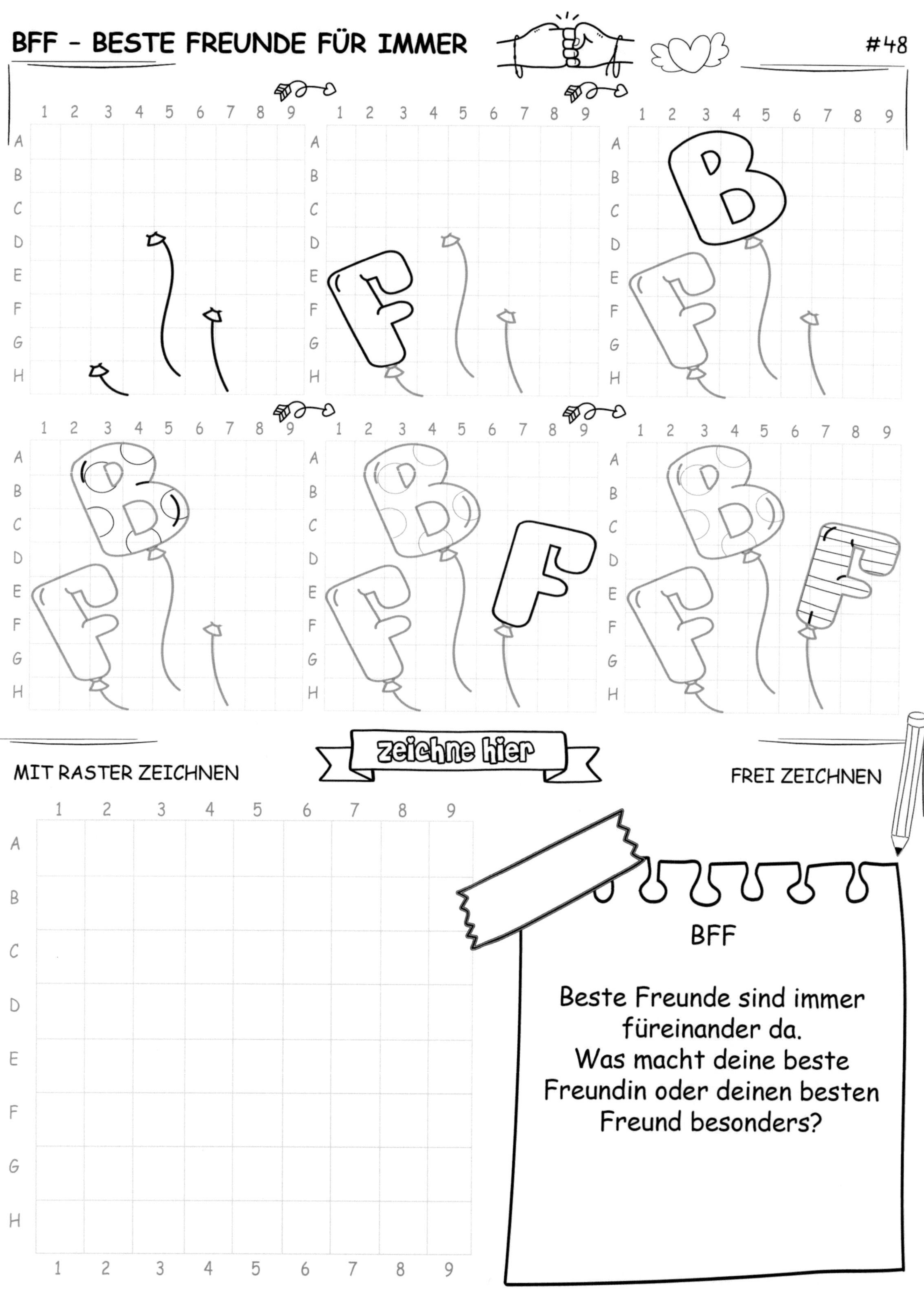

MIT RASTER ZEICHNEN

FREI ZEICHNEN

BFF
zeichne hier
FREI ZEICHNEN
MIT RASTER ZEICHNEN
Handy
Mit dem Handy kannst du Fotos machen, Musik hören und mit Freunden sprechen. Darfst du schon ein Handy haben? Was machst du am liebsten mit deinem Handy?

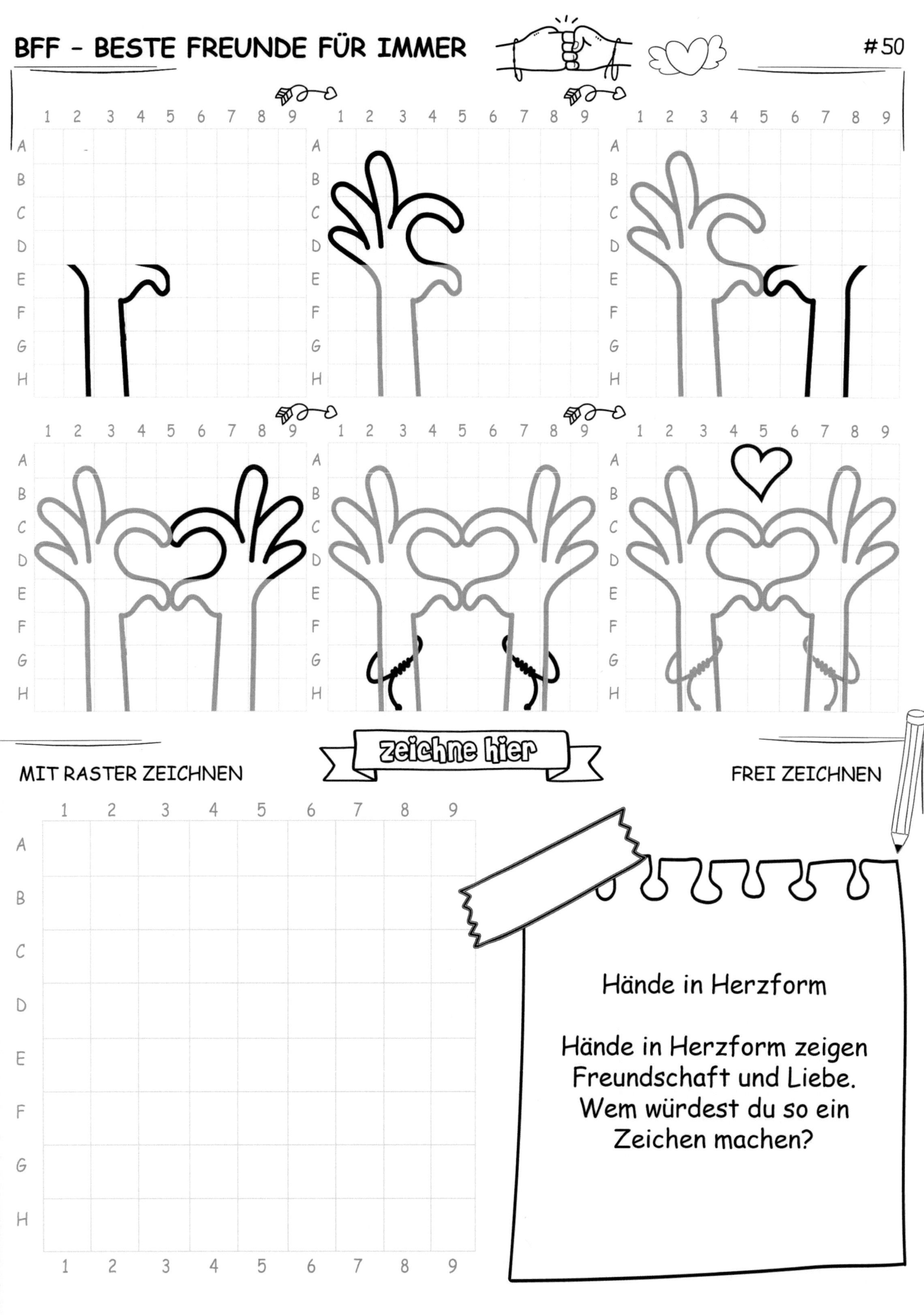

MIT RASTER ZEICHNEN

FREI ZEICHNEN

Hände in Herzform

Hände in Herzform zeigen Freundschaft und Liebe. Wem würdest du so ein Zeichen machen?

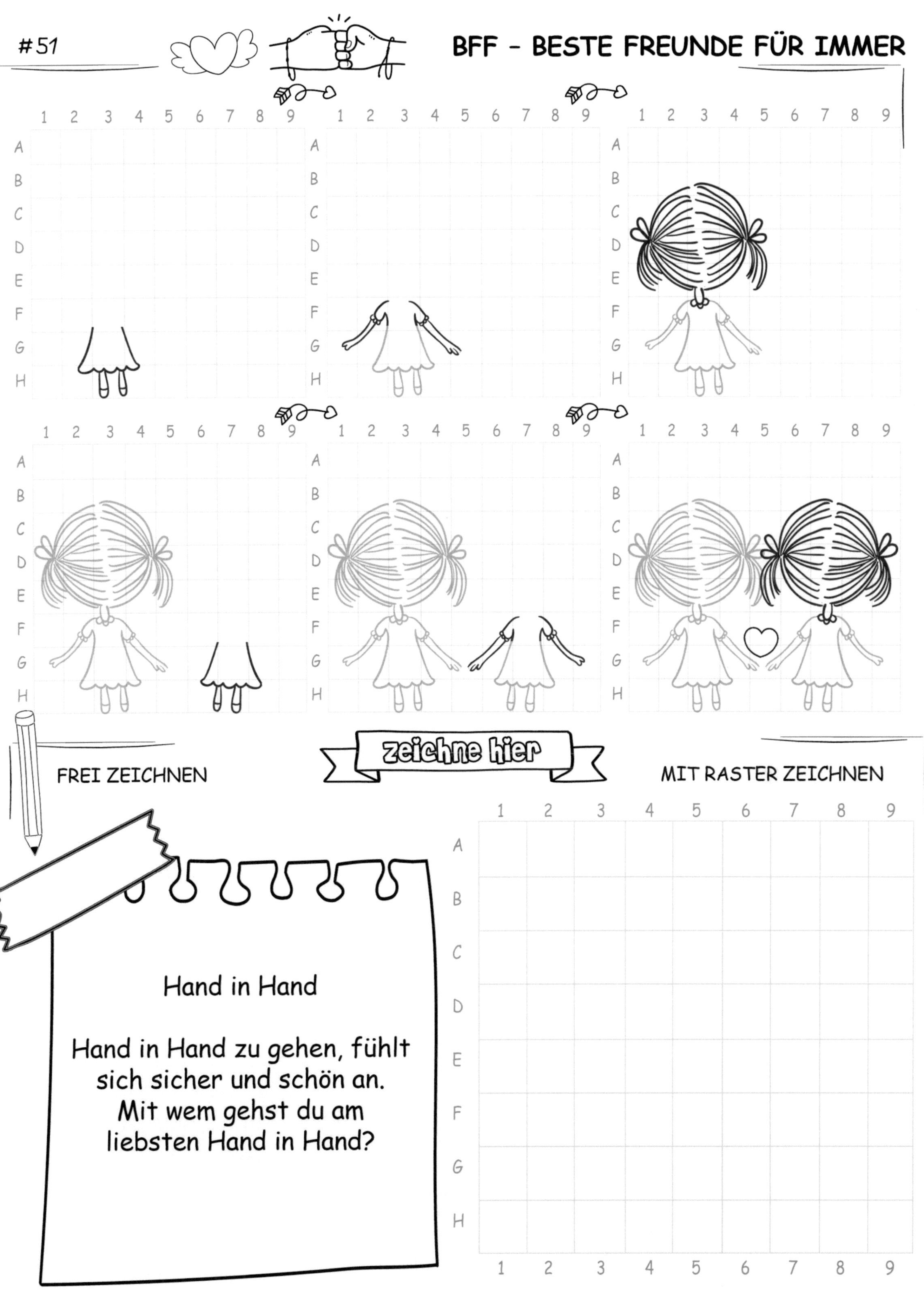

BFF – BESTE FREUNDE FÜR IMMER

FREI ZEICHNEN

zeichne hier

MIT RASTER ZEICHNEN

Hand in Hand

Hand in Hand zu gehen, fühlt
sich sicher und schön an.
Mit wem gehst du am
liebsten Hand in Hand?

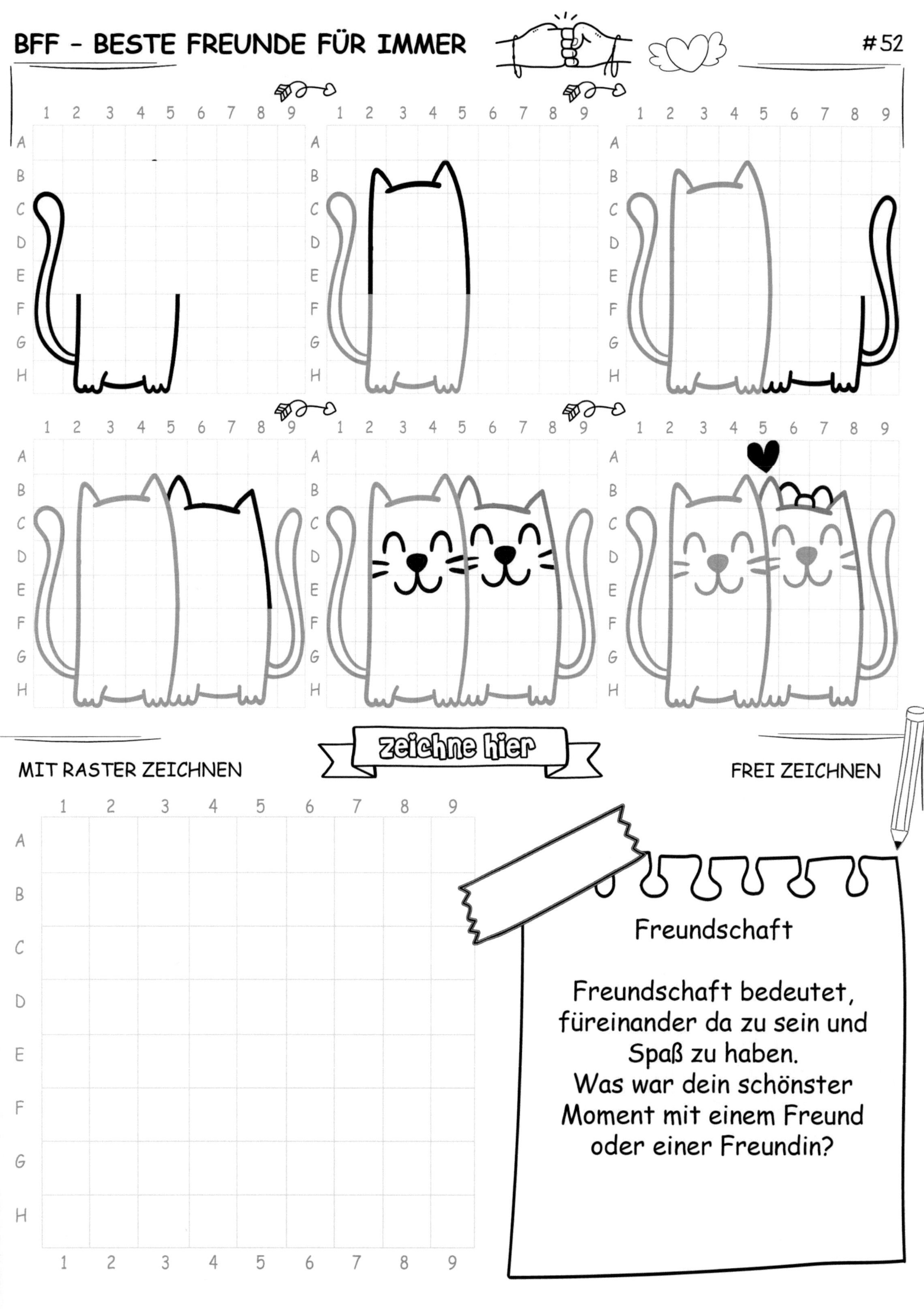
zeichne hier
MIT RASTER ZEICHNEN
FREI ZEICHNEN
Freundschaft

Freundschaft bedeutet,
füreinander da zu sein und
Spaß zu haben.
Was war dein schönster
Moment mit einem Freund
oder einer Freundin?

BFF – BESTE FREUNDE FÜR IMMER

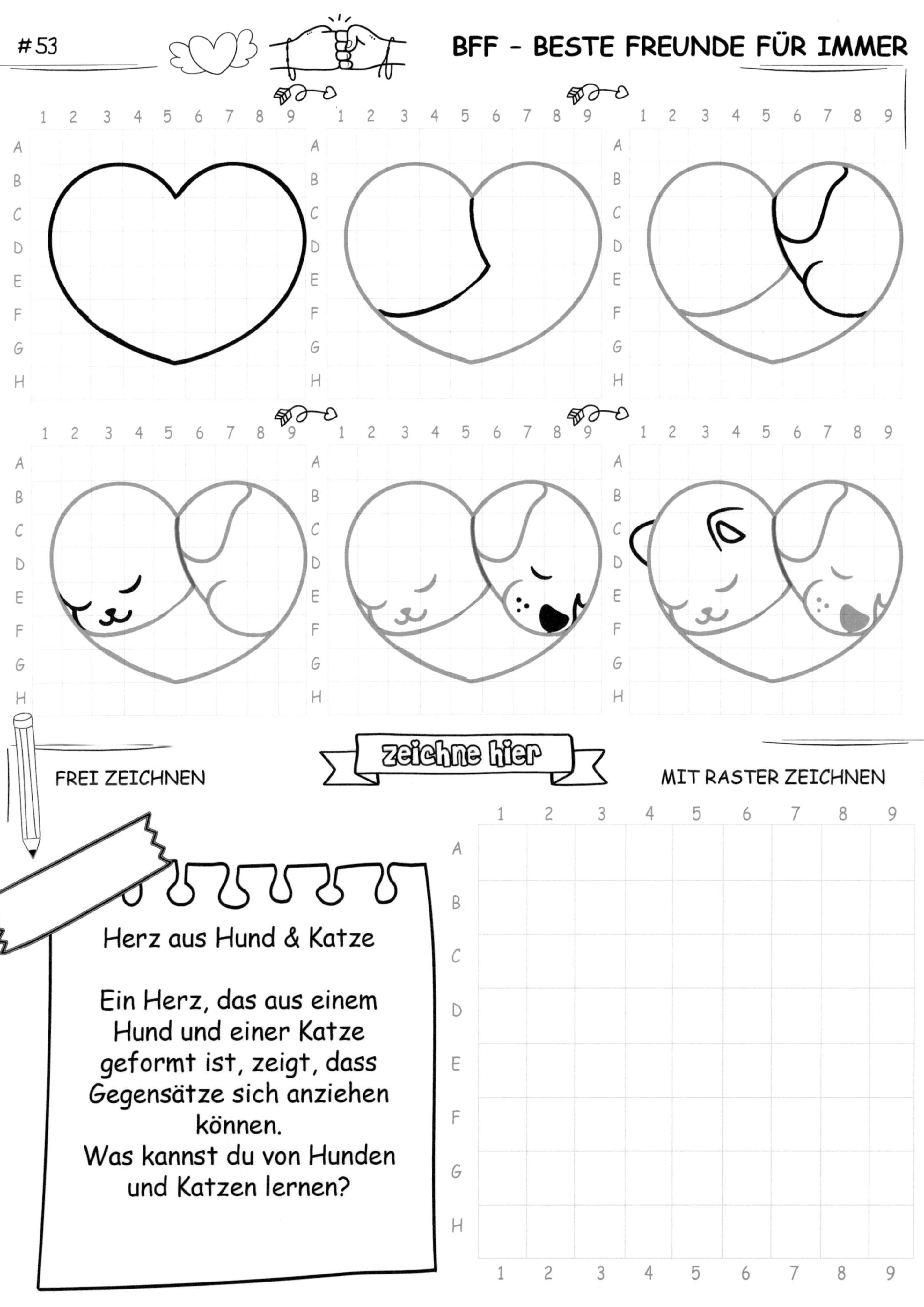

MIT RASTER ZEICHNEN

FREI ZEICHNEN

Bär mit Brief

Ein Bär, der einen Brief hält, symbolisiert oft eine liebevolle Nachricht oder Botschaft von einem Freund. Hast du schon einmal einen besonderen Brief von einem Freund oder einer Freundin erhalten? Was stand darin?

BFF – BESTE FREUNDE FÜR IMMER

FREI ZEICHNEN

zeichne hier

MIT RASTER ZEICHNEN

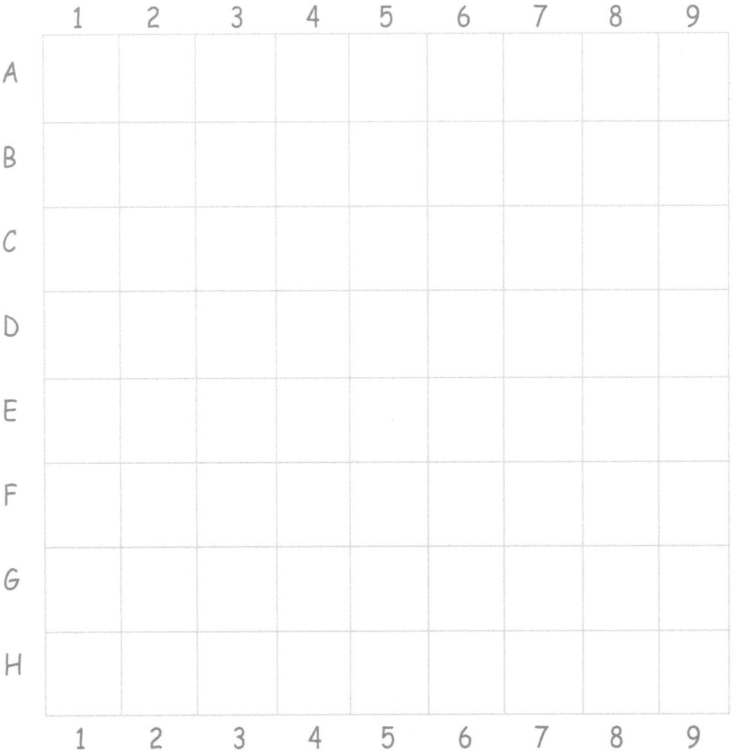

Einhornherz

Ein Einhornherz kombiniert die Magie des Einhorns mit der Symbolik des Herzens und steht für eine besondere, magische Freundschaft. Wenn du ein Einhornherz malen könntest, welche Farben würdest du wählen, um deine Freundschaft darzustellen?

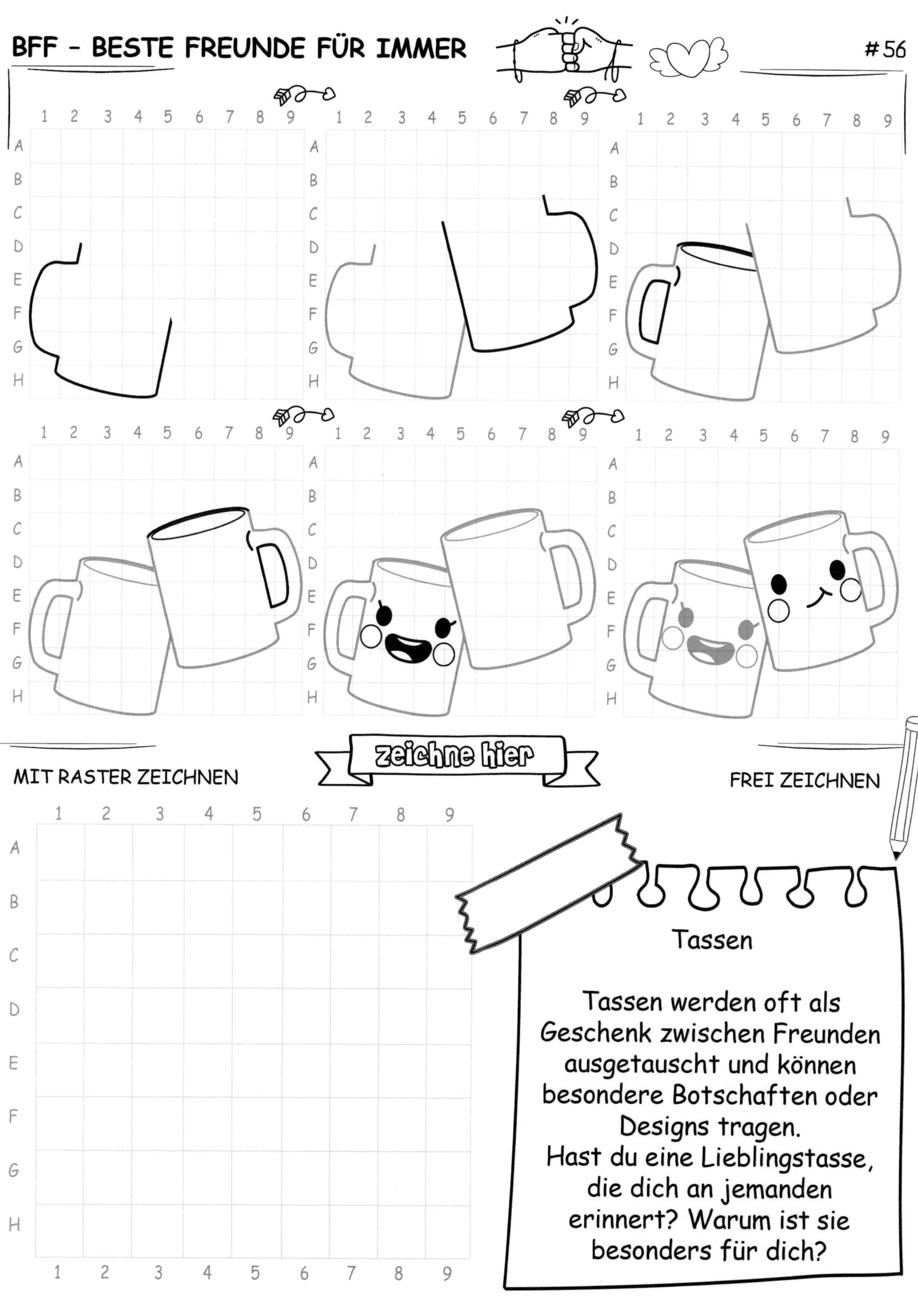

MIT RASTER ZEICHNEN

FREI ZEICHNEN

Tassen

Tassen werden oft als Geschenk zwischen Freunden ausgetauscht und können besondere Botschaften oder Designs tragen.
Hast du eine Lieblingstasse, die dich an jemanden erinnert? Warum ist sie besonders für dich?

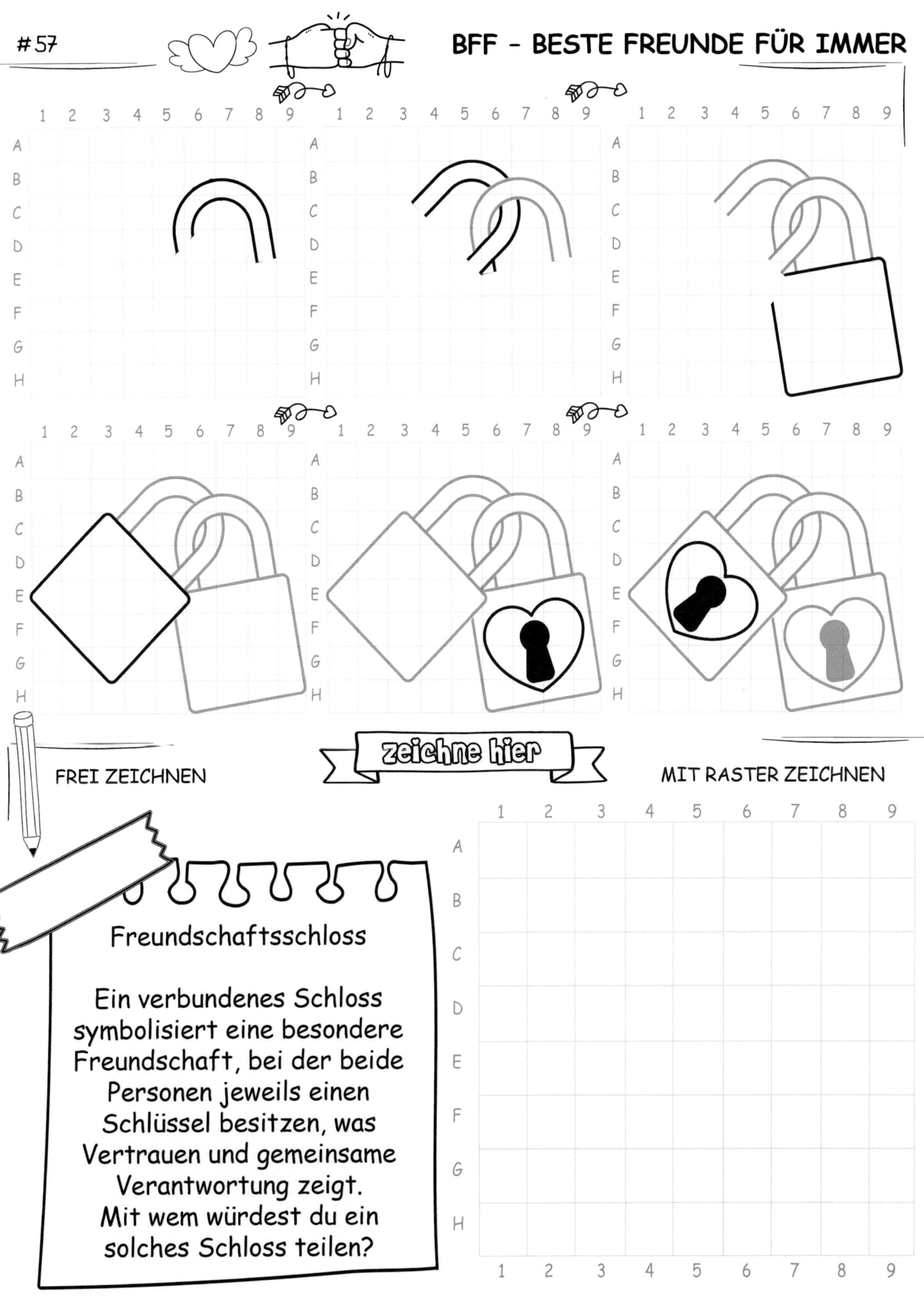

BFF – BESTE FREUNDE FÜR IMMER

FREI ZEICHNEN

zeichne hier

MIT RASTER ZEICHNEN

Freundschaftsschloss

Ein verbundenes Schloss symbolisiert eine besondere Freundschaft, bei der beide Personen jeweils einen Schlüssel besitzen, was Vertrauen und gemeinsame Verantwortung zeigt. Mit wem würdest du ein solches Schloss teilen?

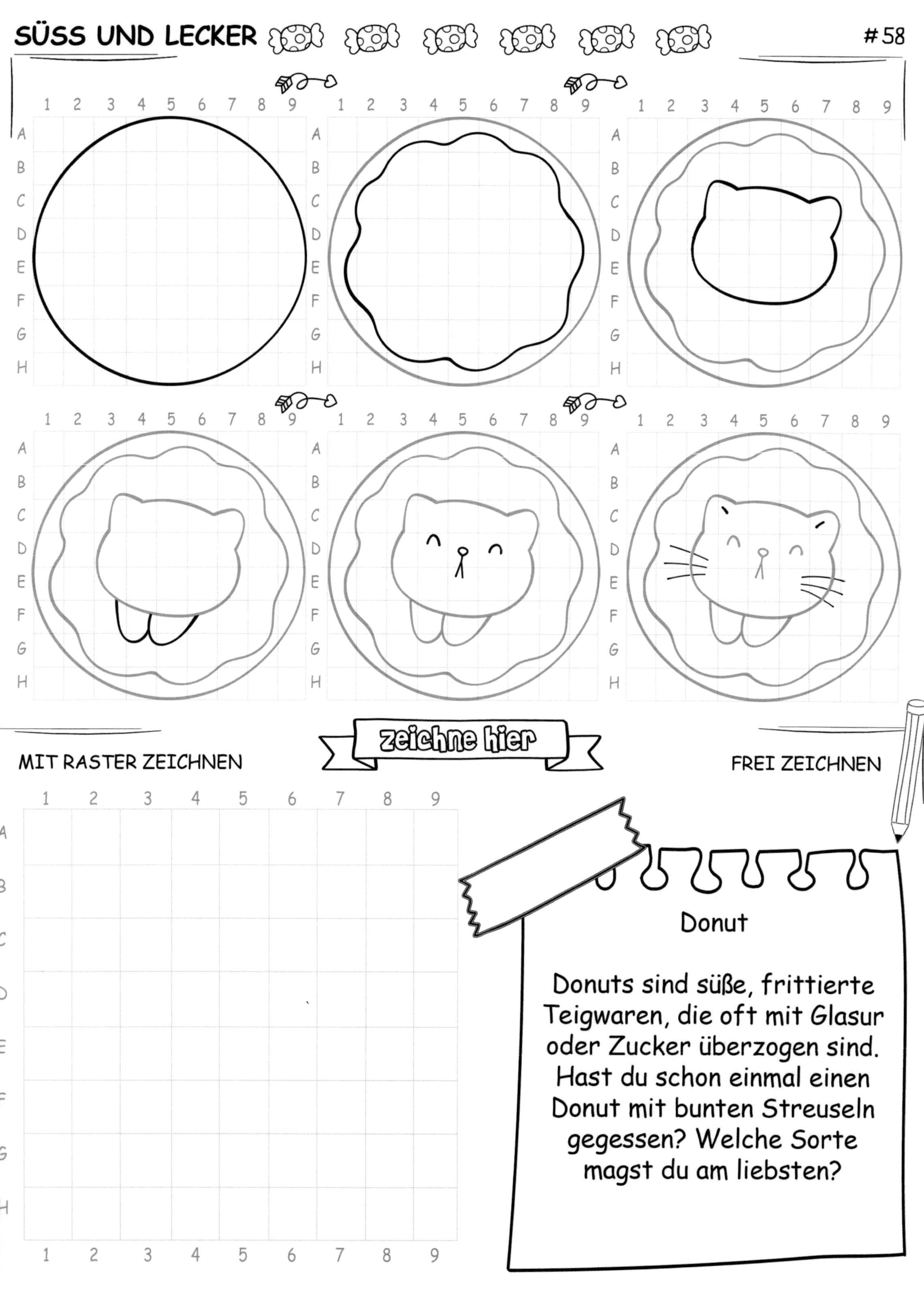

MIT RASTER ZEICHNEN

zeichne hier

FREI ZEICHNEN

Donut

Donuts sind süße, frittierte Teigwaren, die oft mit Glasur oder Zucker überzogen sind. Hast du schon einmal einen Donut mit bunten Streuseln gegessen? Welche Sorte magst du am liebsten?

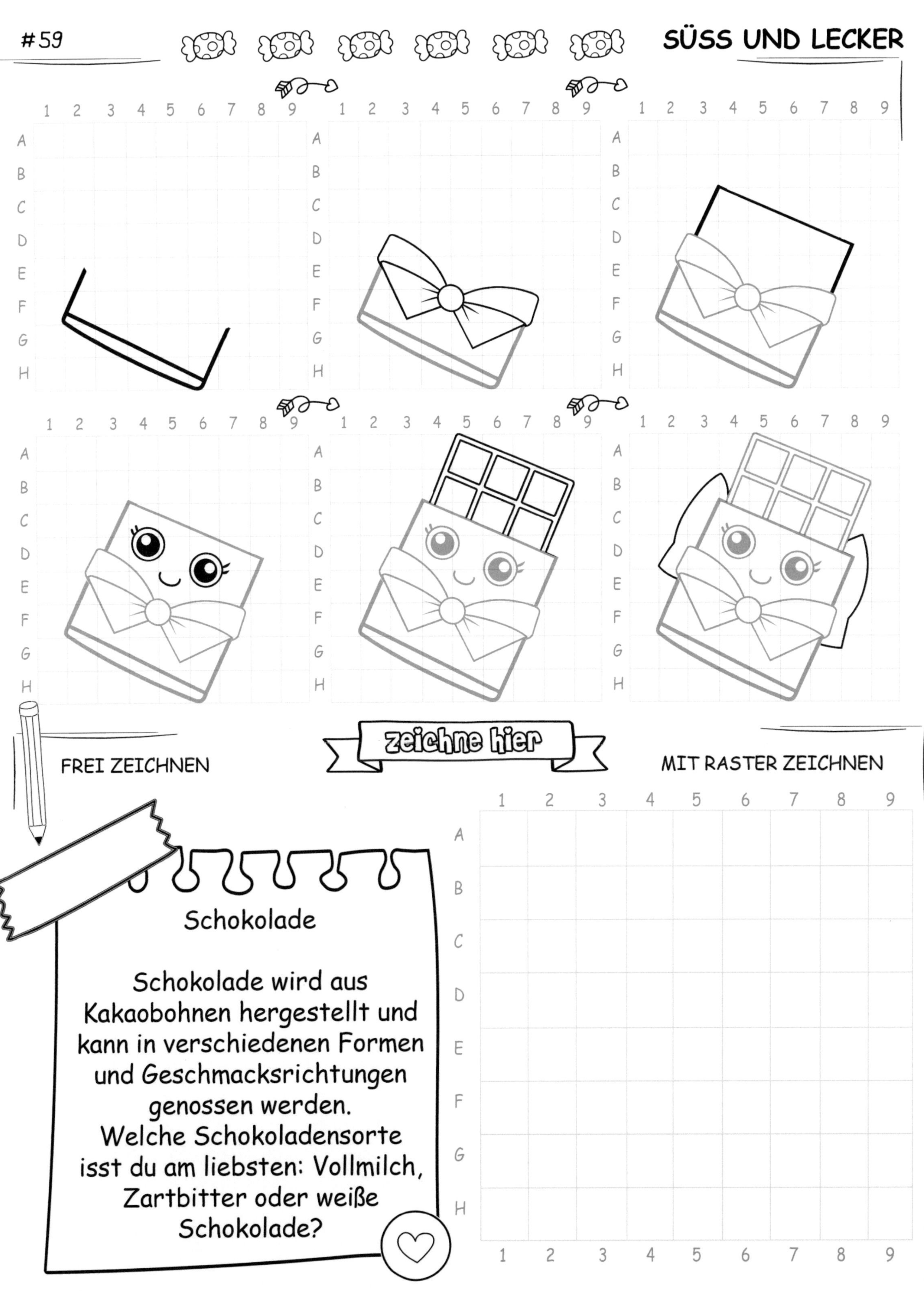

FREI ZEICHNEN

zeichne hier

MIT RASTER ZEICHNEN

Schokolade

Schokolade wird aus Kakaobohnen hergestellt und kann in verschiedenen Formen und Geschmacksrichtungen genossen werden. Welche Schokoladensorte isst du am liebsten: Vollmilch, Zartbitter oder weiße Schokolade?

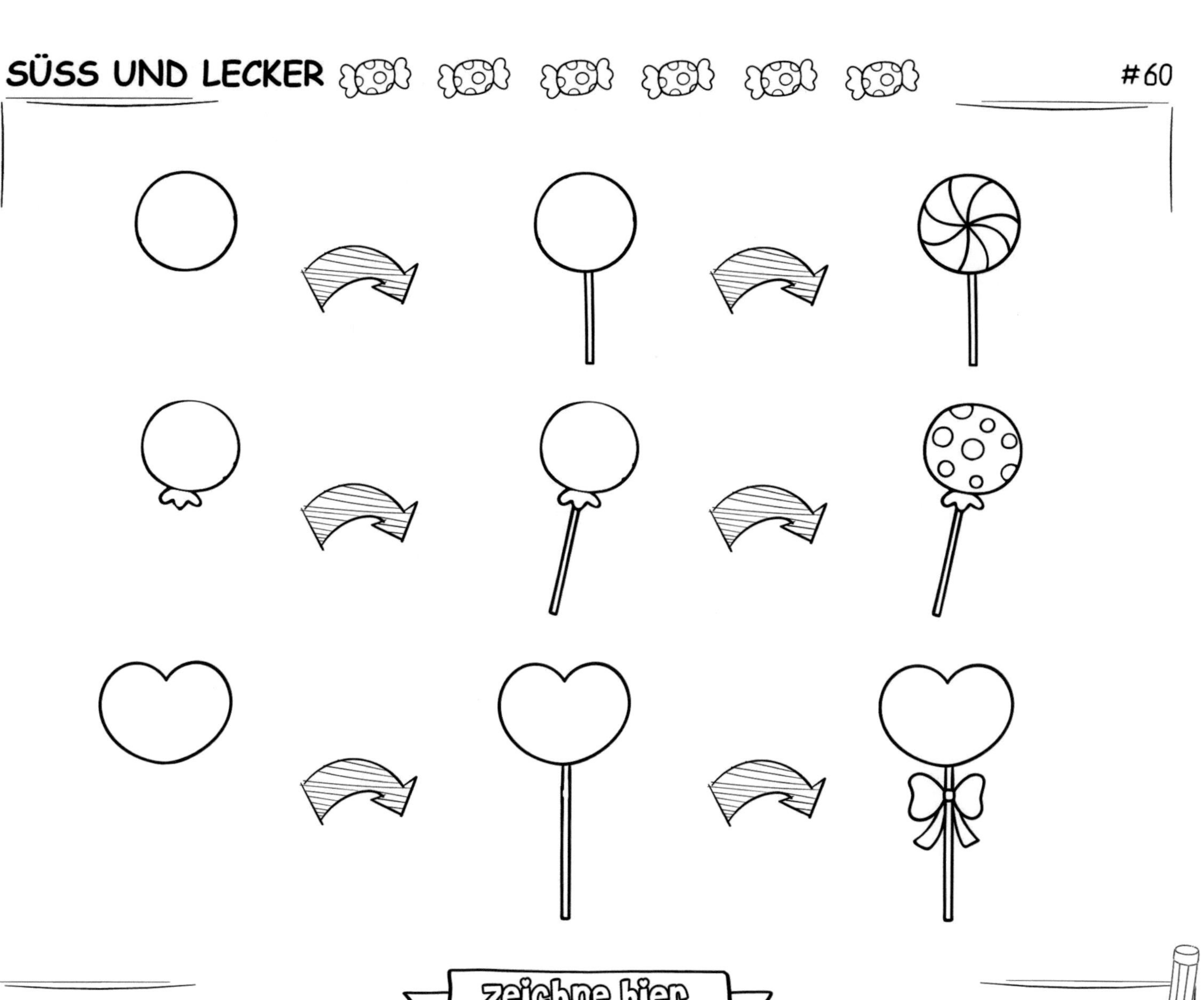

zeichne hier

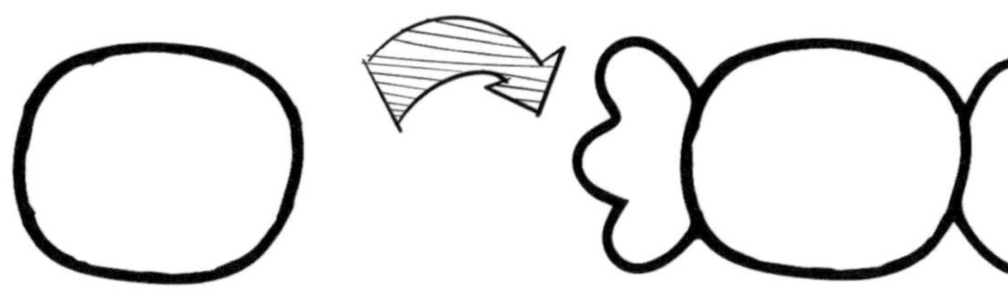  

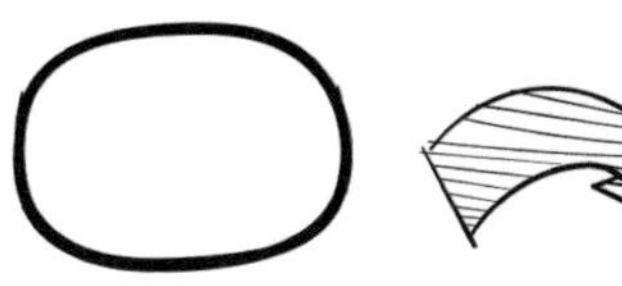 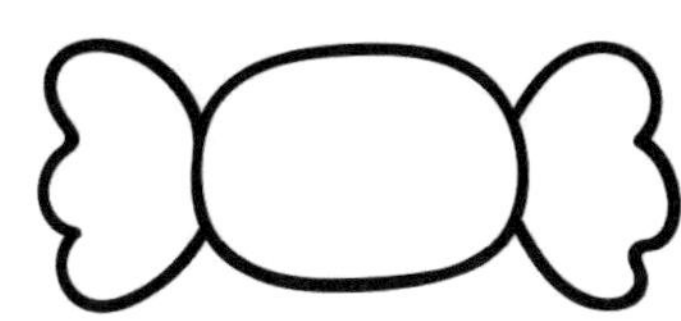  

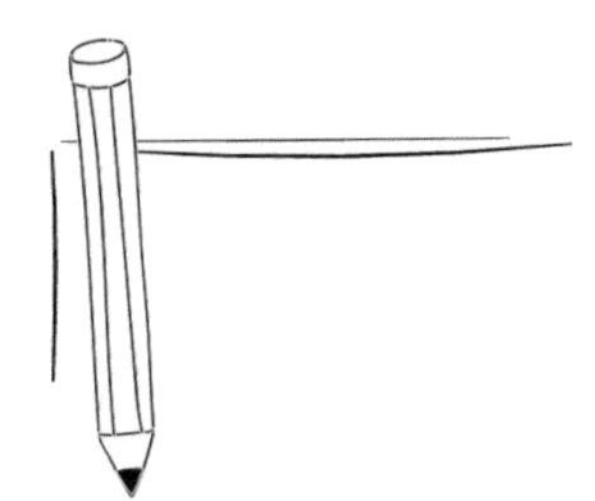

zeichne hier

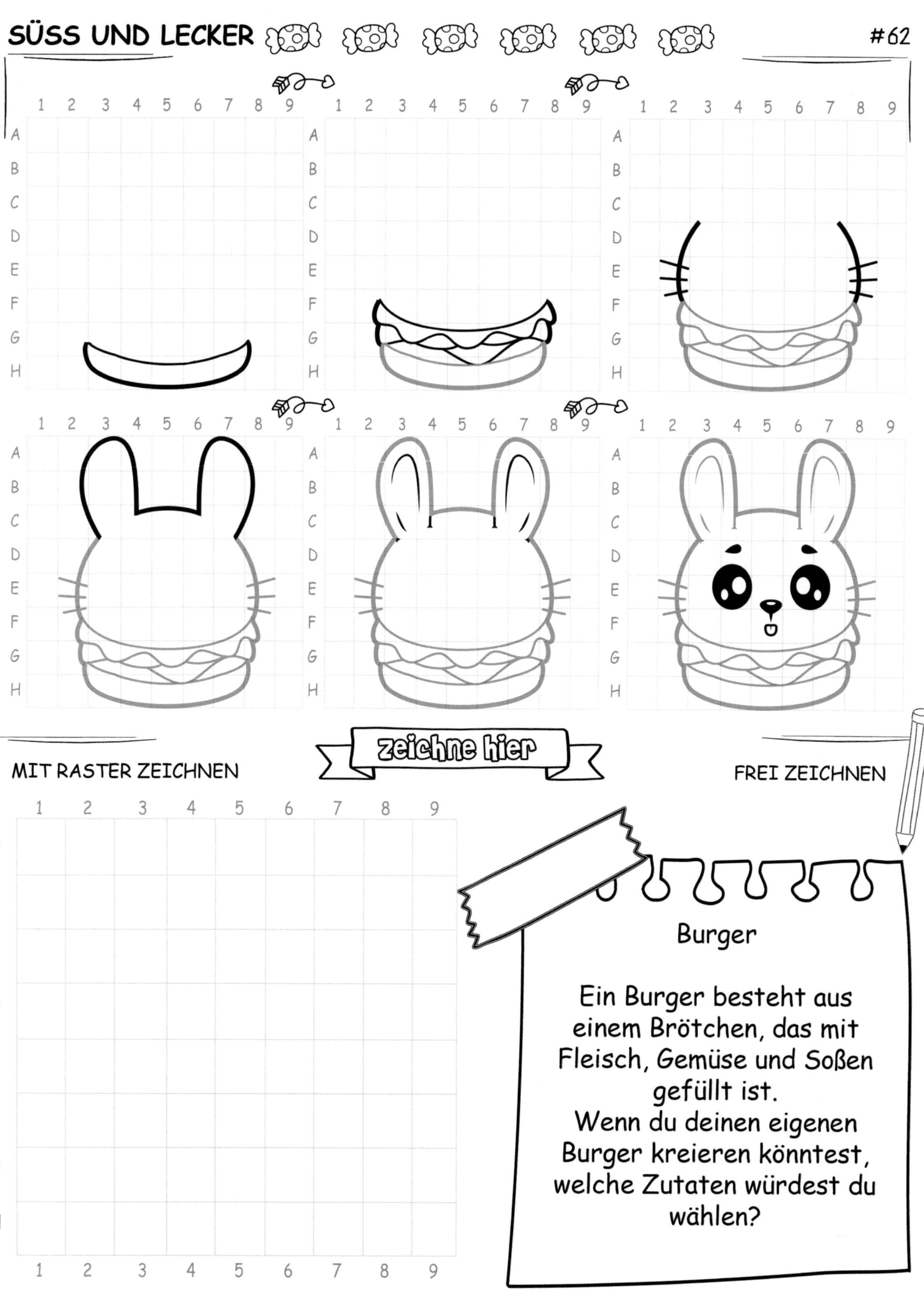

MIT RASTER ZEICHNEN

FREI ZEICHNEN

Burger

Ein Burger besteht aus einem Brötchen, das mit Fleisch, Gemüse und Soßen gefüllt ist.
Wenn du deinen eigenen Burger kreieren könntest, welche Zutaten würdest du wählen?

FREI ZEICHNEN

MIT RASTER ZEICHNEN

Der Name „Hotdog" kommt daher, dass die lange, dünne Wurst in einem Brötchen an einen Dackel erinnert, der im Englischen „Dachshund" heißt. Weil „Dachshund" schwer auszusprechen war, nannten die Leute die Wurst im Brötchen einfach „Hotdog". Hast du schon einmal einen Hotdog gegessen?

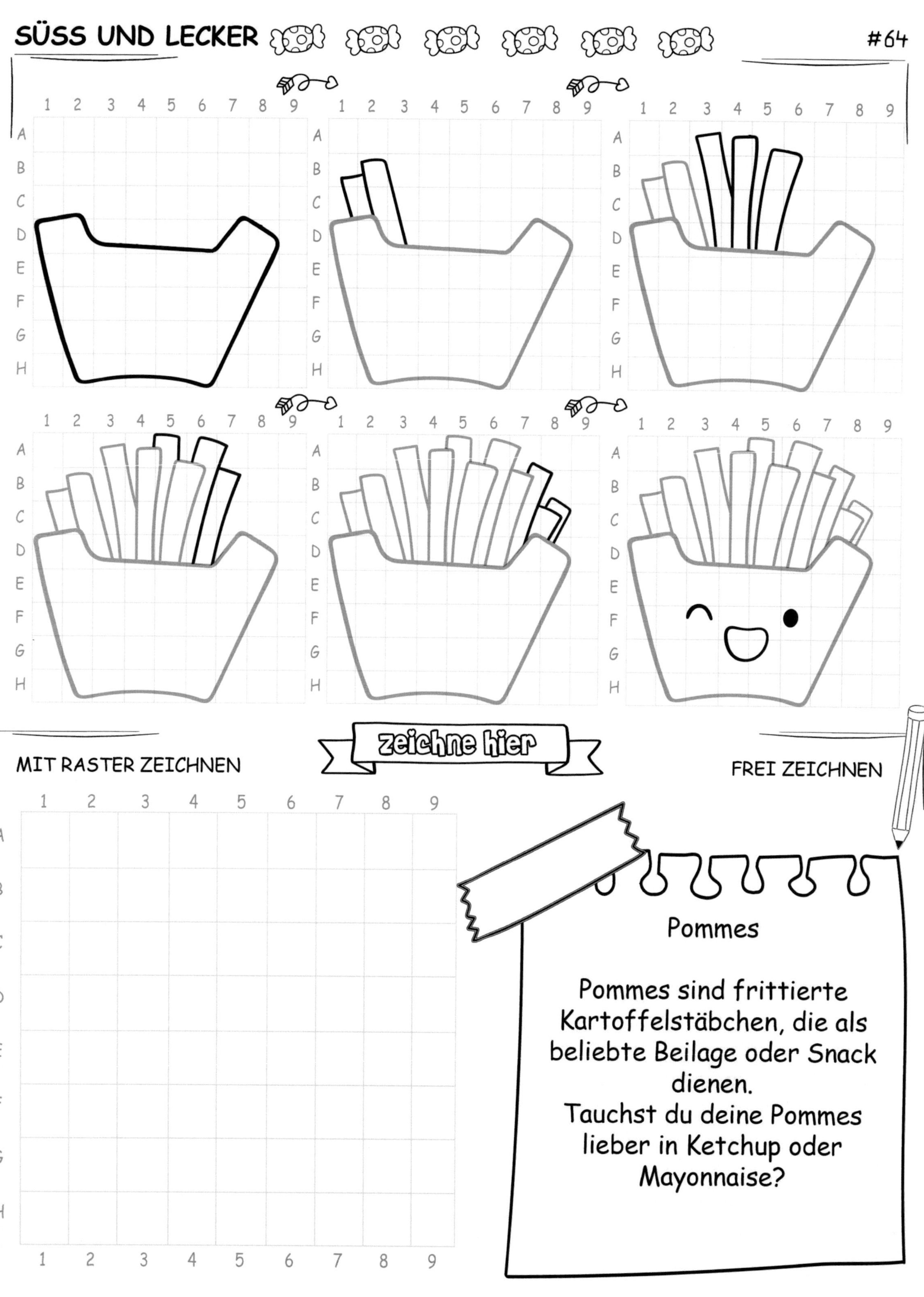

MIT RASTER ZEICHNEN

zeichne hier

FREI ZEICHNEN

Pommes

Pommes sind frittierte Kartoffelstäbchen, die als beliebte Beilage oder Snack dienen.
Tauchst du deine Pommes lieber in Ketchup oder Mayonnaise?

SÜSS UND LECKER

FREI ZEICHNEN

zeichne hier

MIT RASTER ZEICHNEN

Pizza

Pizza ist ein belegter Teigfladen, der mit Käse, Tomatensoße und verschiedenen Zutaten gebacken wird.
Welche Pizzabeläge sind deine Favoriten?

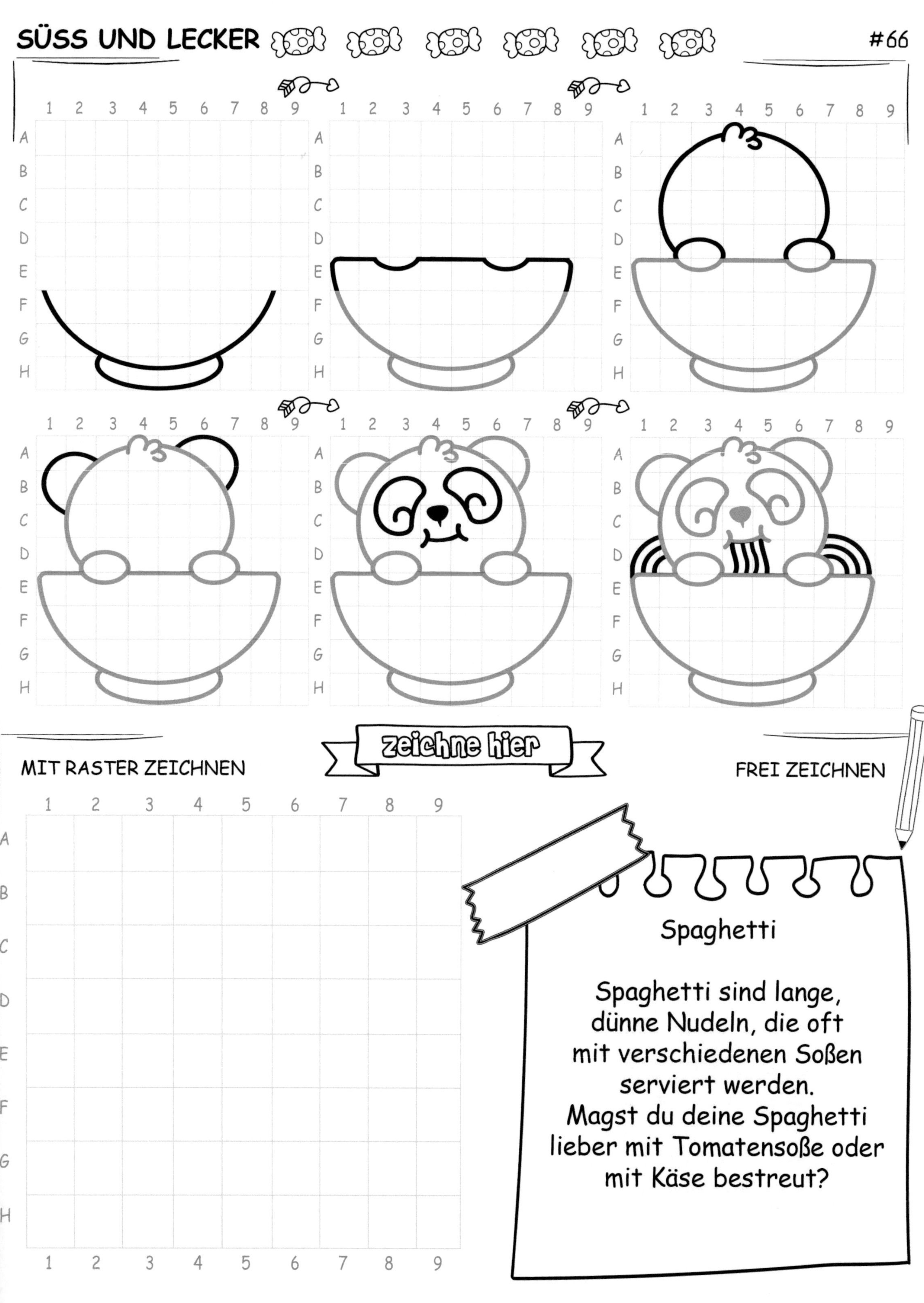

MIT RASTER ZEICHNEN

FREI ZEICHNEN

Spaghetti

Spaghetti sind lange, dünne Nudeln, die oft mit verschiedenen Soßen serviert werden. Magst du deine Spaghetti lieber mit Tomatensoße oder mit Käse bestreut?

SÜSS UND LECKER

FREI ZEICHNEN

zeichne hier

MIT RASTER ZEICHNEN

Popcorn

Popcorn entsteht, wenn Maiskörner erhitzt werden und aufpoppen; es ist ein beliebter Snack im Kino. Magst du süßes oder salziges Popcorn beim Filmabend?

zeichne hier
MIT RASTER ZEICHNEN
FREI ZEICHNEN
Muffin

Muffins sind kleine, weiche Kuchen, die oft mit Früchten, Nüssen oder Schokolade verfeinert werden.
Hast du schon einmal selbst Muffins gebacken? Welche Zutaten hast du verwendet?

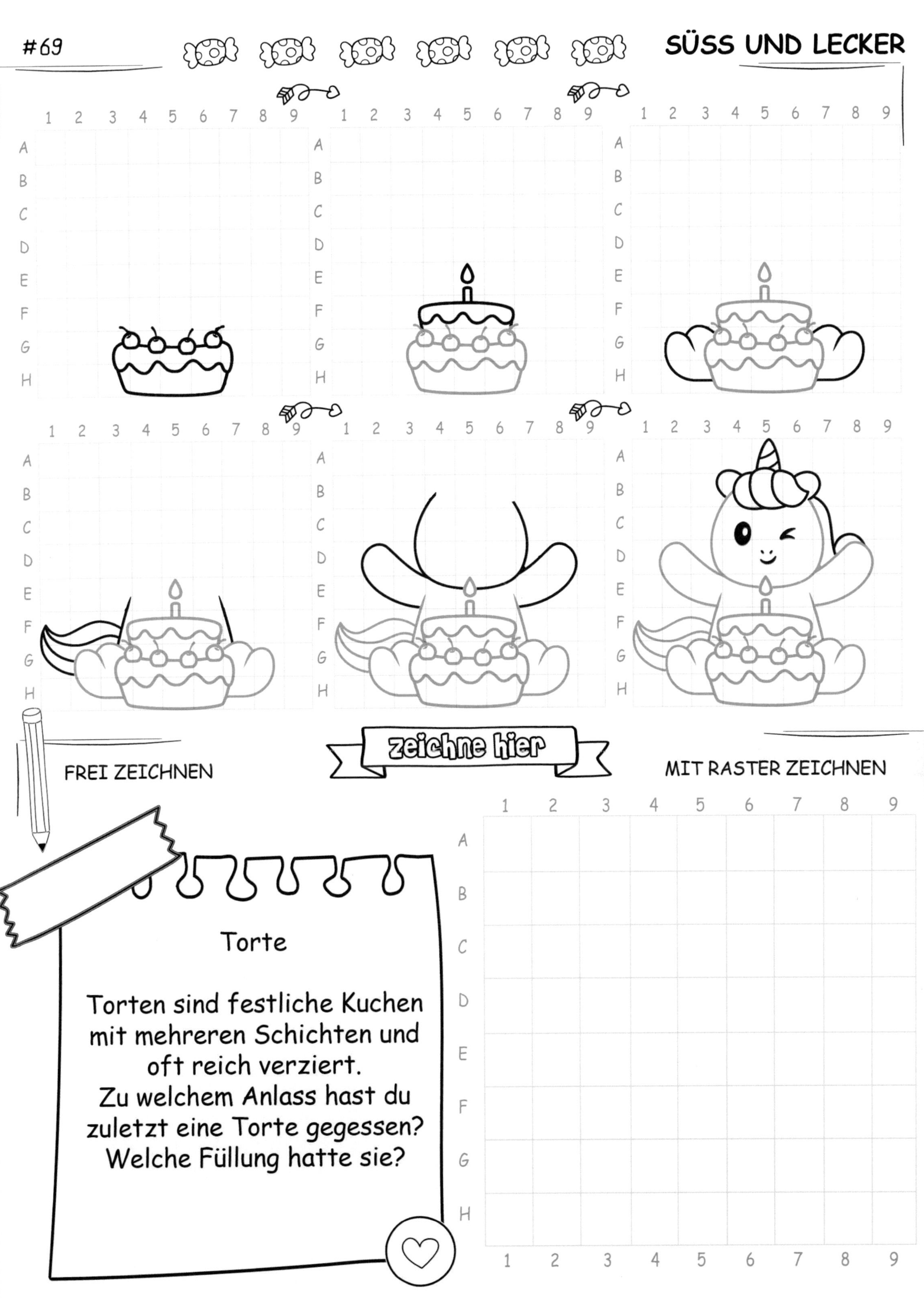

FREI ZEICHNEN

MIT RASTER ZEICHNEN

Torte

Torten sind festliche Kuchen mit mehreren Schichten und oft reich verziert.
Zu welchem Anlass hast du zuletzt eine Torte gegessen?
Welche Füllung hatte sie?

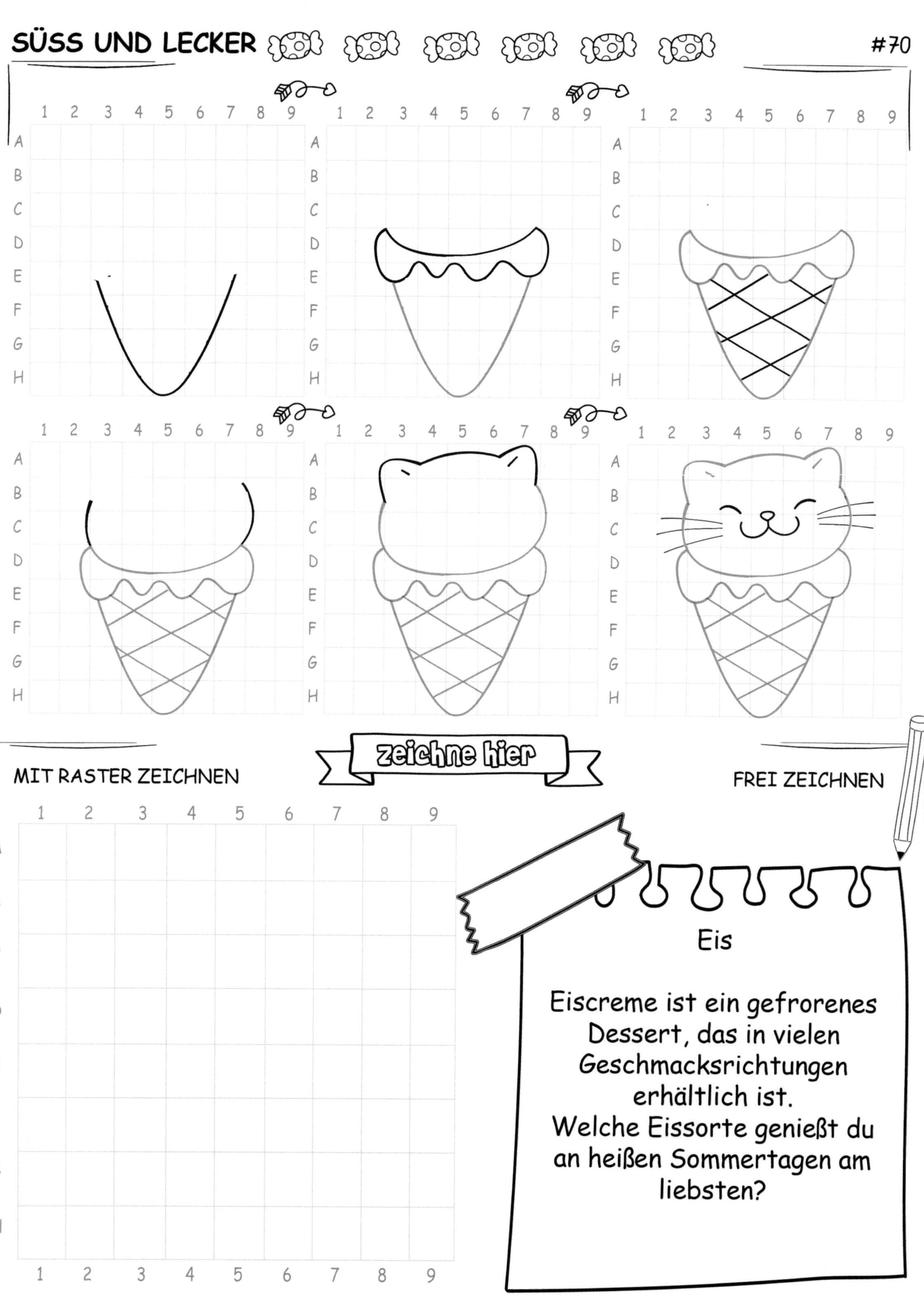

MIT RASTER ZEICHNEN

FREI ZEICHNEN

Eis

Eiscreme ist ein gefrorenes Dessert, das in vielen Geschmacksrichtungen erhältlich ist.
Welche Eissorte genießt du an heißen Sommertagen am liebsten?

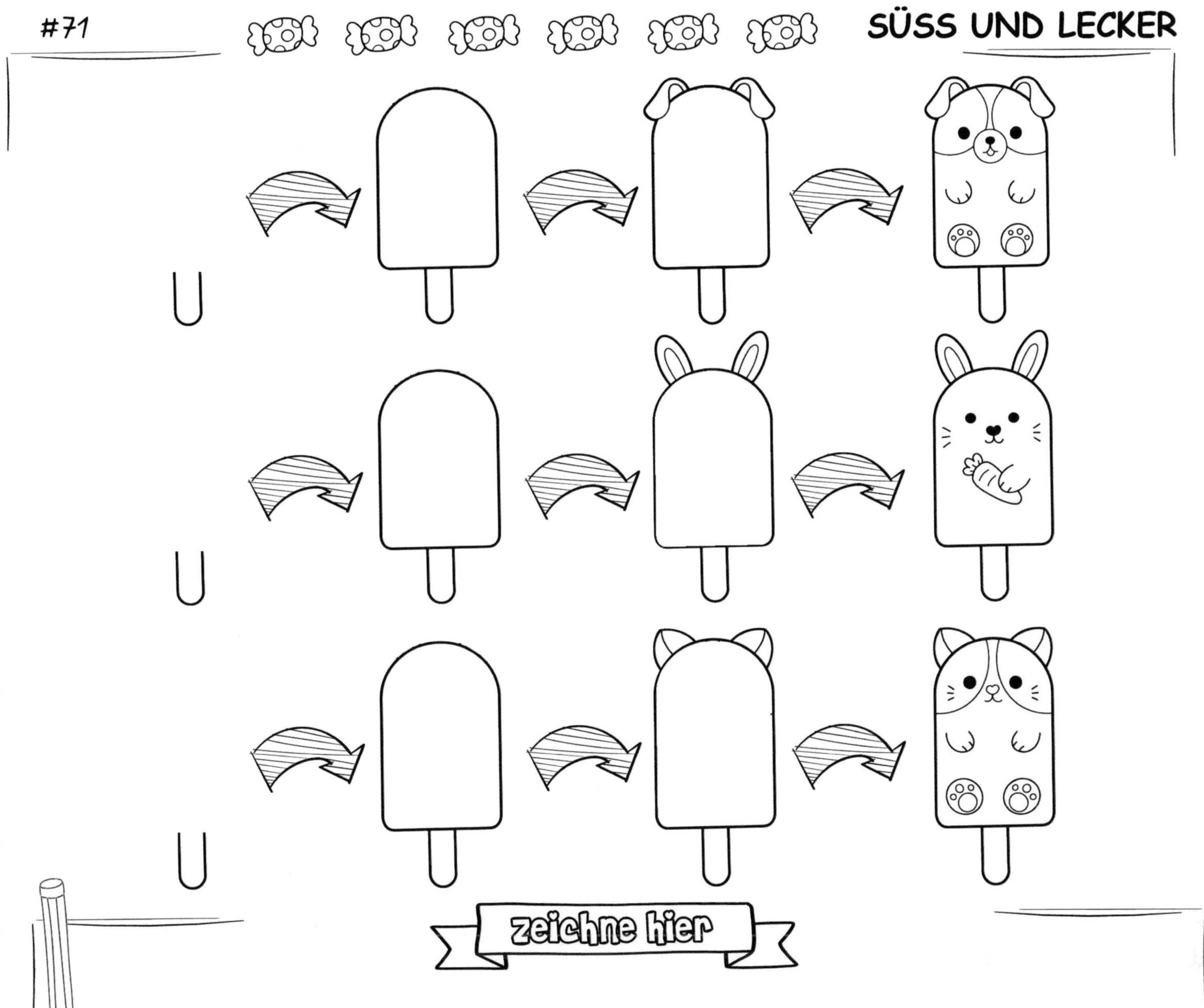

zeichne hier

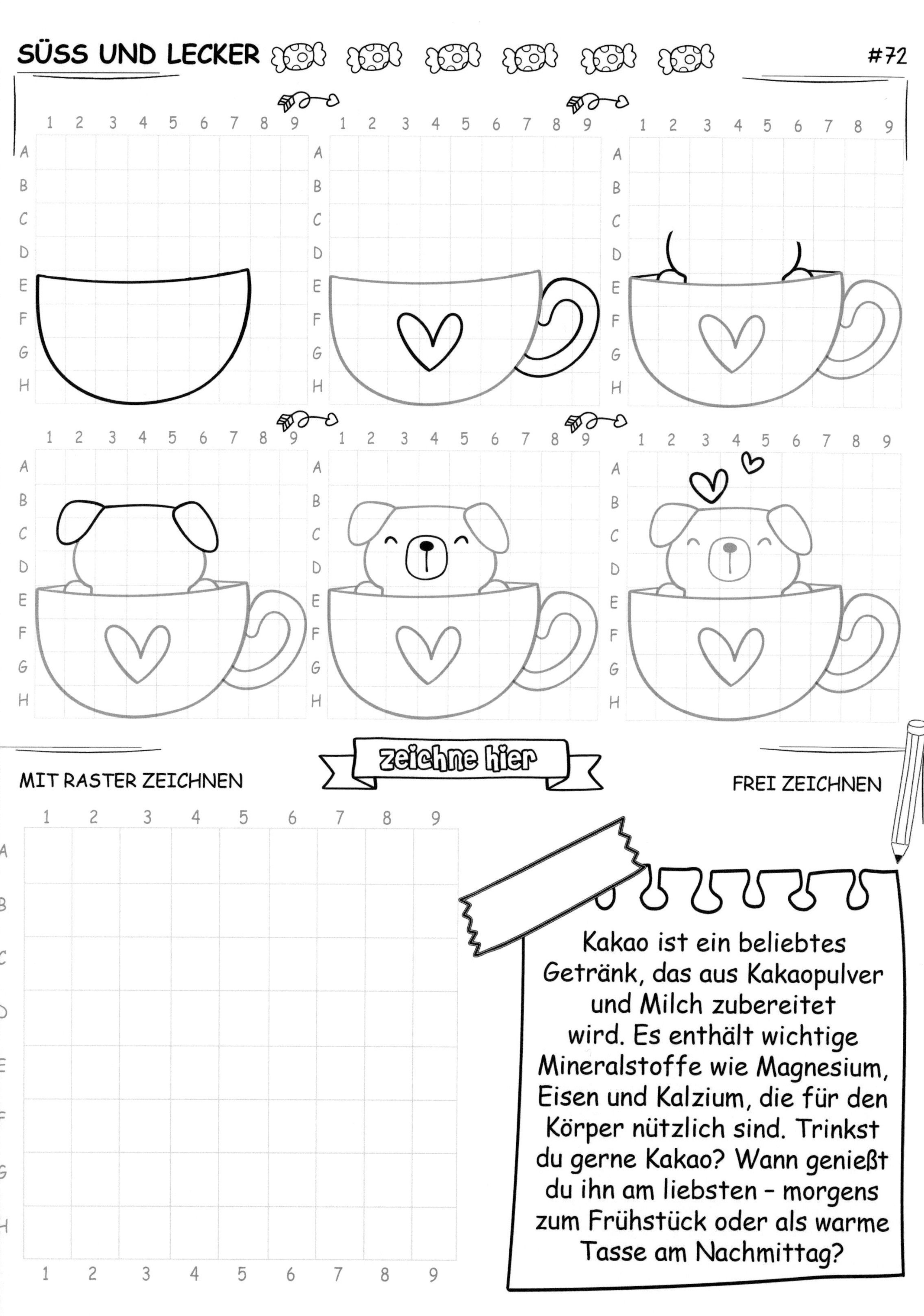

SÜSS UND LECKER
#72
zeichne hier
MIT RASTER ZEICHNEN
FREI ZEICHNEN
Kakao ist ein beliebtes
Getränk, das aus Kakaopulver
und Milch zubereitet
wird. Es enthält wichtige
Mineralstoffe wie Magnesium,
Eisen und Kalzium, die für den
Körper nützlich sind. Trinkst
du gerne Kakao? Wann genießt
du ihn am liebsten – morgens
zum Frühstück oder als warme
Tasse am Nachmittag?

FREI ZEICHNEN
zeichne hier
MIT RASTER ZEICHNEN
Bubble Tea

Bubble Tea ist ein Getränk aus Tee, Milch und Fruchtsirup, oft mit Tapioka-Perlen.
Hast du schon einmal Bubble Tea probiert? Welche Geschmacksrichtung hat dir gefallen?

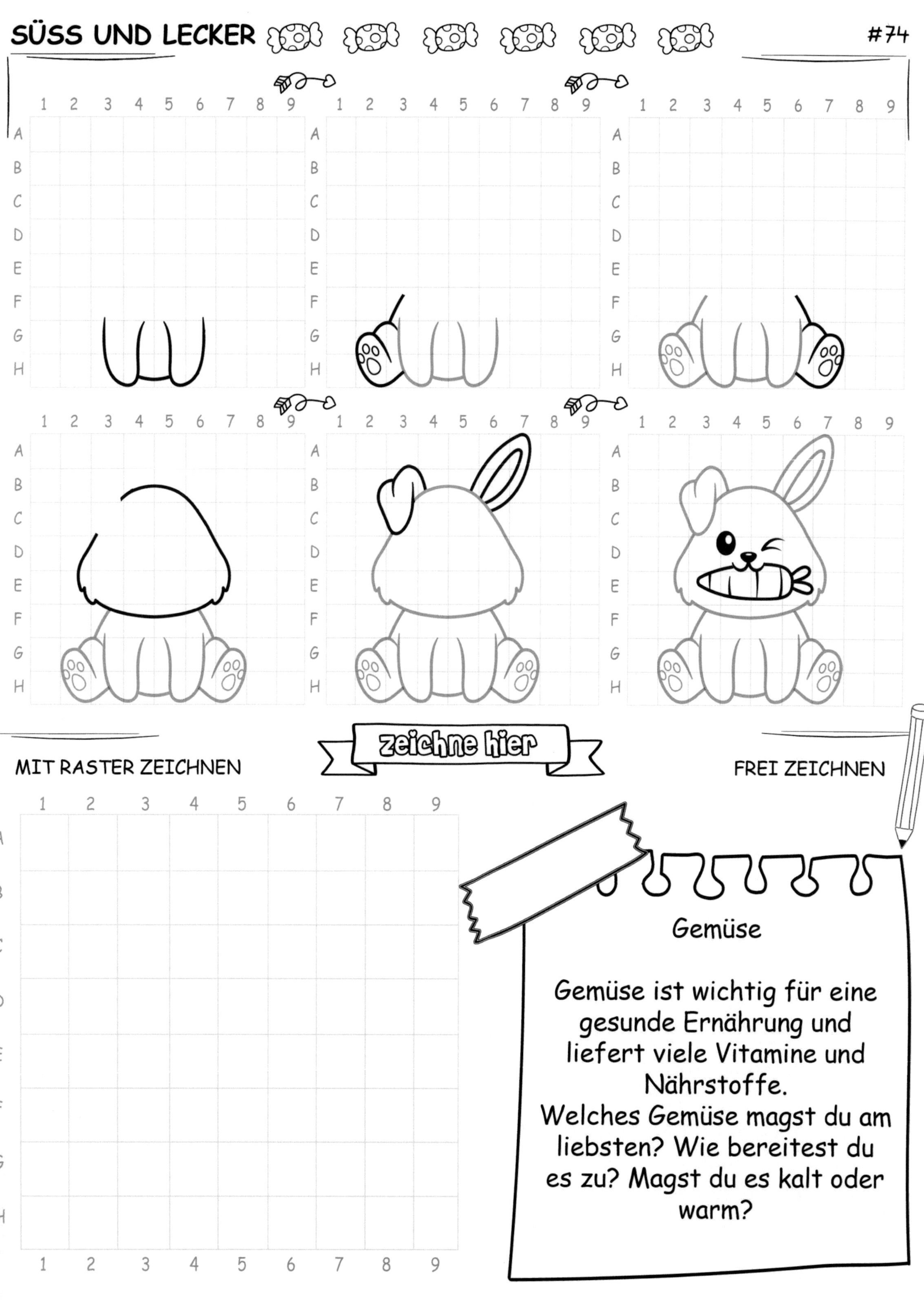

MIT RASTER ZEICHNEN

FREI ZEICHNEN

Gemüse

Gemüse ist wichtig für eine gesunde Ernährung und liefert viele Vitamine und Nährstoffe.
Welches Gemüse magst du am liebsten? Wie bereitest du es zu? Magst du es kalt oder warm?

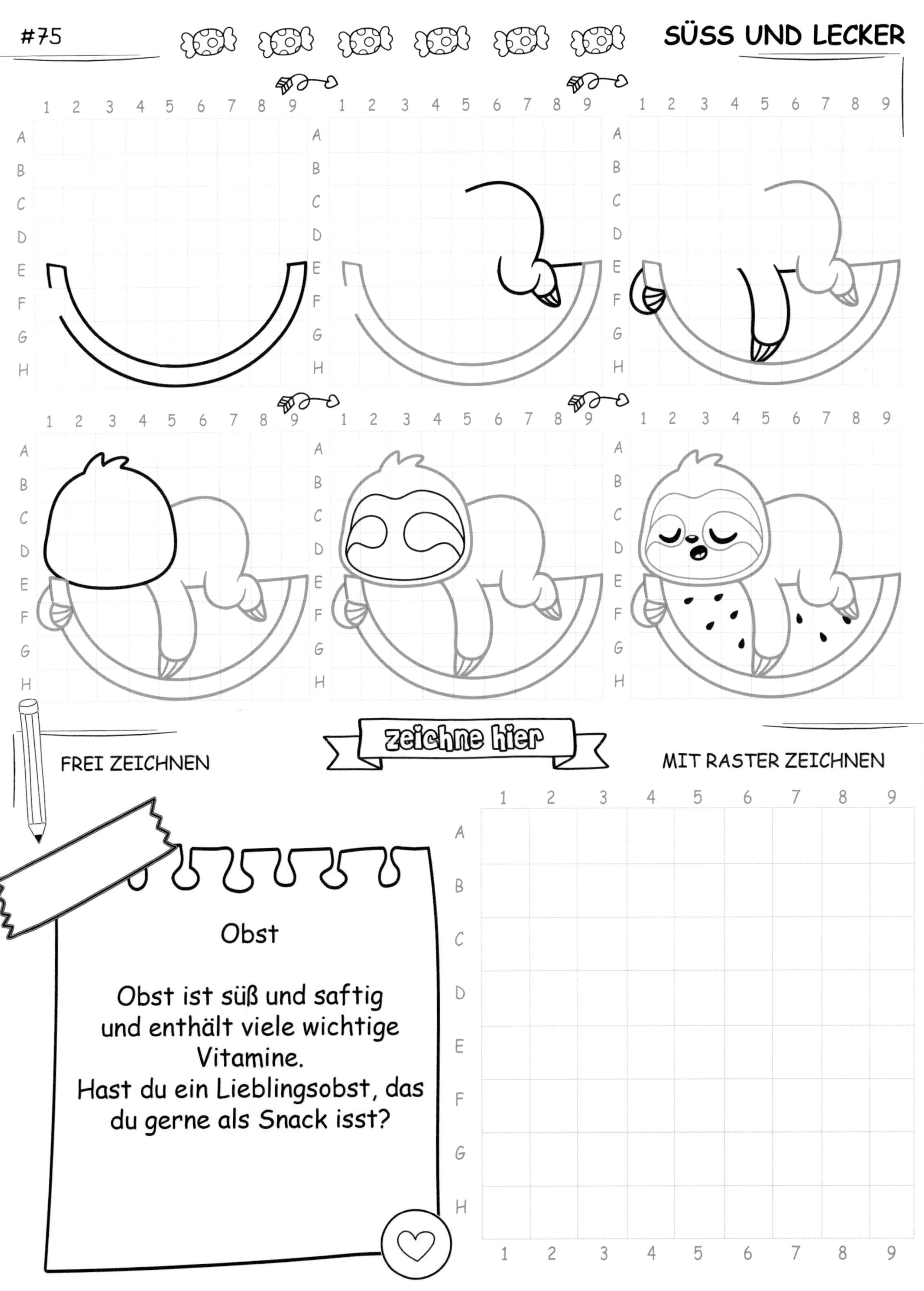

FREI ZEICHNEN

MIT RASTER ZEICHNEN

Obst

Obst ist süß und saftig und enthält viele wichtige Vitamine.
Hast du ein Lieblingsobst, das du gerne als Snack isst?

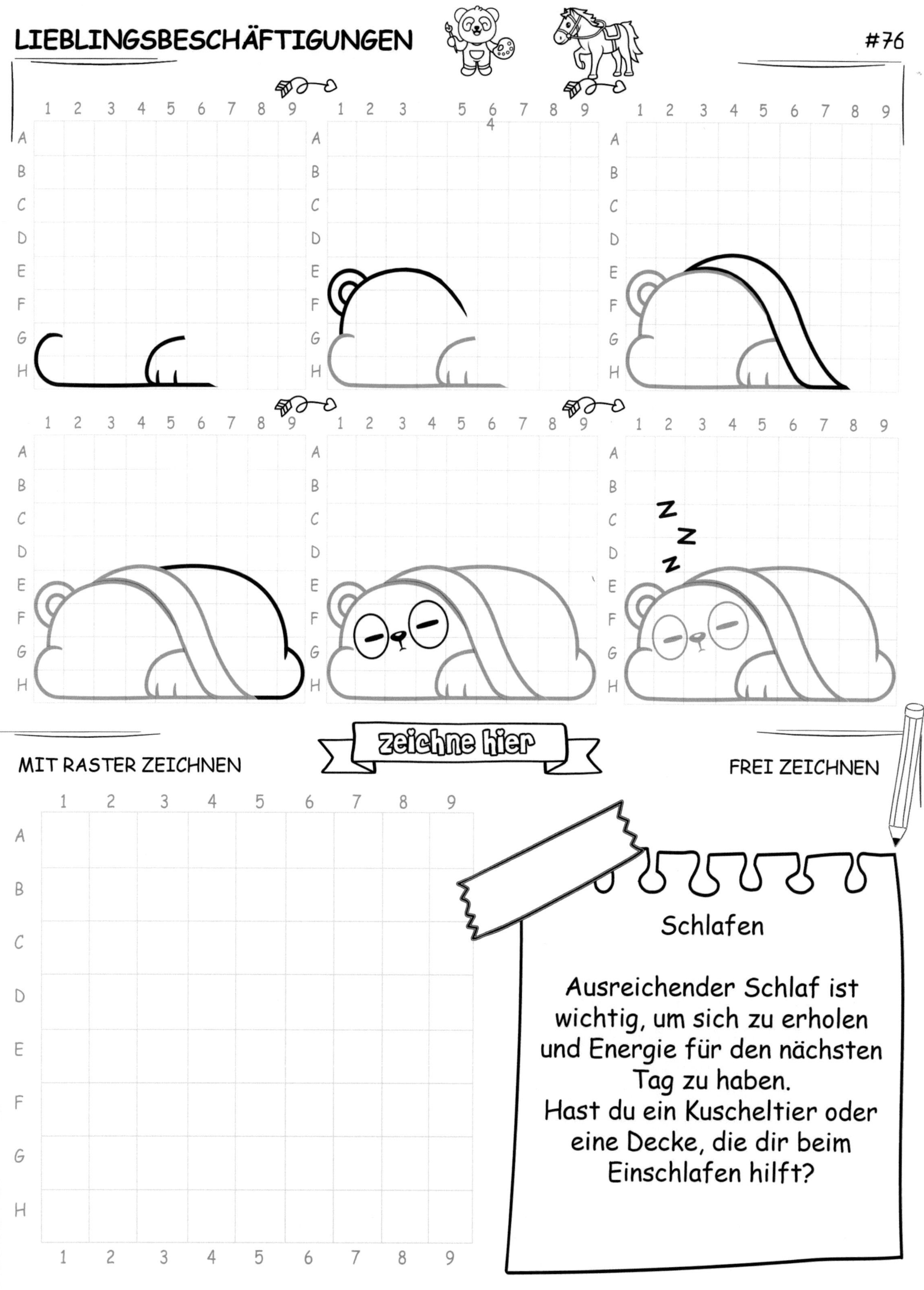

MIT RASTER ZEICHNEN
zeichne hier
FREI ZEICHNEN
Schlafen

Ausreichender Schlaf ist wichtig, um sich zu erholen und Energie für den nächsten Tag zu haben.
Hast du ein Kuscheltier oder eine Decke, die dir beim Einschlafen hilft?

LIEBLINGSBESCHÄFTIGUNGEN

FREI ZEICHNEN

MIT RASTER ZEICHNEN

Chillen

Chillen bedeutet,
sich zu entspannen und die
Seele baumeln zu lassen.
Was machst du am liebsten,
wenn du entspannen
möchtest?

LIEBLINGSBESCHÄFTIGUNGEN

LIEBLINGSBESCHÄFTIGUNGEN

MIT RASTER ZEICHNEN

zeichne hier

FREI ZEICHNEN

Kuscheltiere sammeln

Viele Kinder lieben es,
Kuscheltiere zu sammeln und
mit ihnen zu spielen.
Hast du ein
Lieblingskuscheltier?
Wie heißt es?

LIEBLINGSBESCHÄFTIGUNGEN

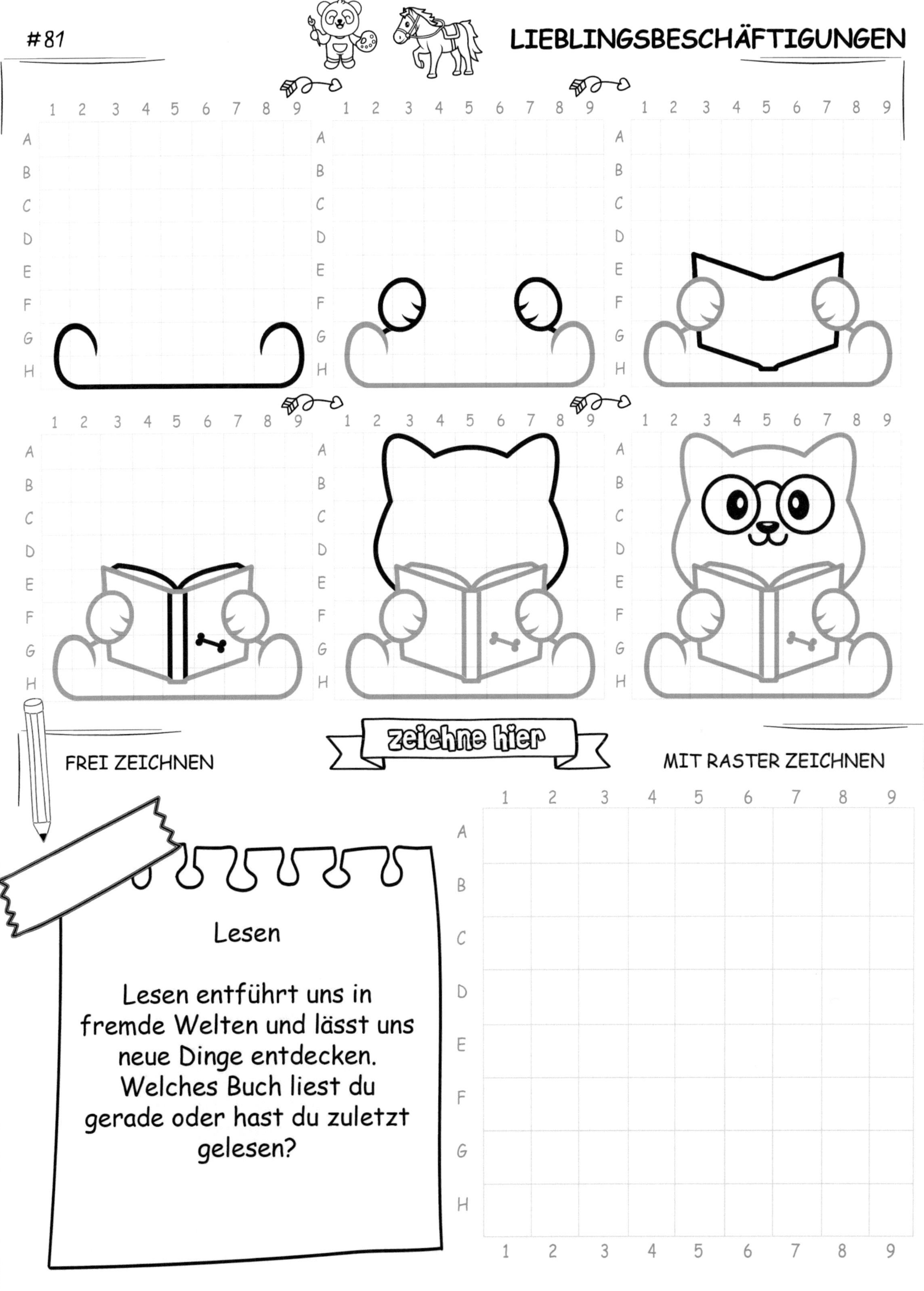

LIEBLINGSBESCHÄFTIGUNGEN

MIT RASTER ZEICHNEN

FREI ZEICHNEN

Musik hören

Musik kann unsere Stimmung heben und uns zum Tanzen bringen.
Hast du ein Lieblingslied oder einen Lieblingssänger?

LIEBLINGSBESCHÄFTIGUNGEN

FREI ZEICHNEN

MIT RASTER ZEICHNEN

Handyzeit

Mit dem Handy kann man spielen, lernen und mit Freunden kommunizieren. Welche Apps oder Spiele nutzt du am liebsten auf deinem Handy?

MIT RASTER ZEICHNEN

FREI ZEICHNEN

Party feiern

Partys sind Gelegenheiten, um mit Freunden zu feiern und Spaß zu haben.
Wann hast du das letzte Mal eine Party gefeiert? Was war das Besondere daran?

LIEBLINGSBESCHÄFTIGUNGEN

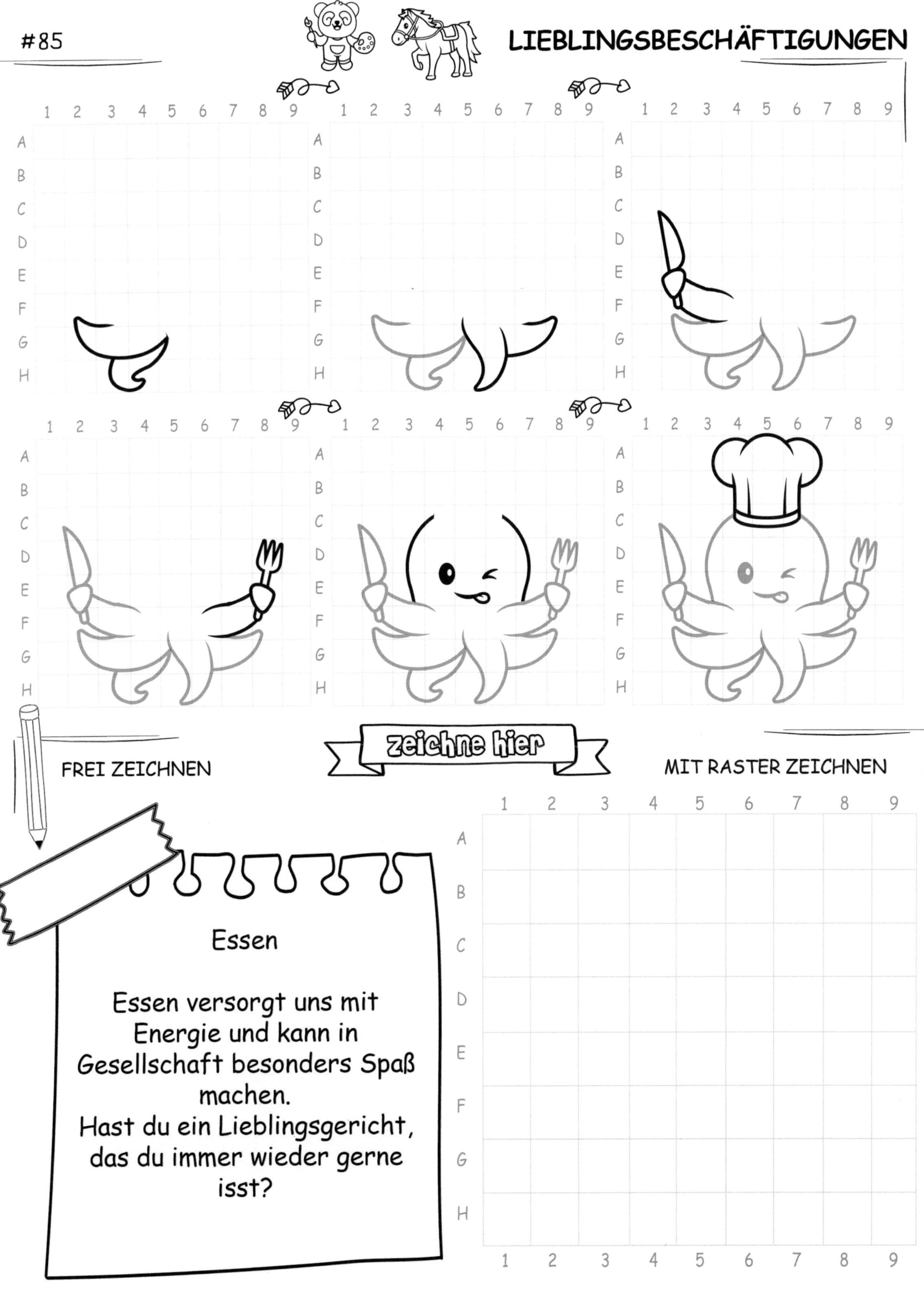

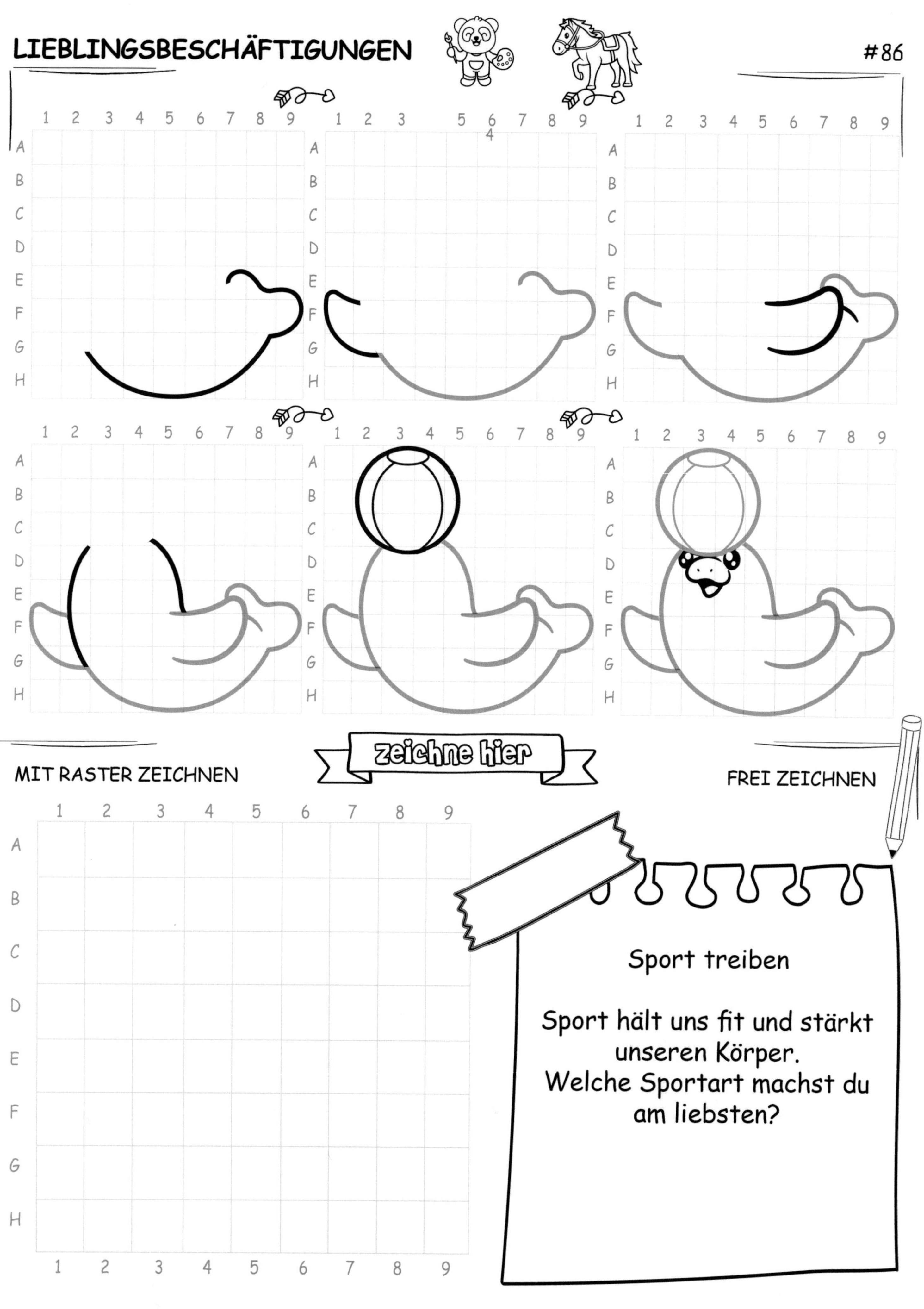
MIT RASTER ZEICHNEN
zeichne hier
FREI ZEICHNEN
Sport treiben

Sport hält uns fit und stärkt unseren Körper.
Welche Sportart machst du am liebsten?

LIEBLINGSBESCHÄFTIGUNGEN

FREI ZEICHNEN

zeichne hier

MIT RASTER ZEICHNEN

Reiten

Reiten verbindet uns mit Pferden und fördert Gleichgewicht und Koordination.
Bist du schon einmal auf einem Pferd geritten? Hat es dir Spaß gemacht?

LIEBLINGSBESCHÄFTIGUNGEN

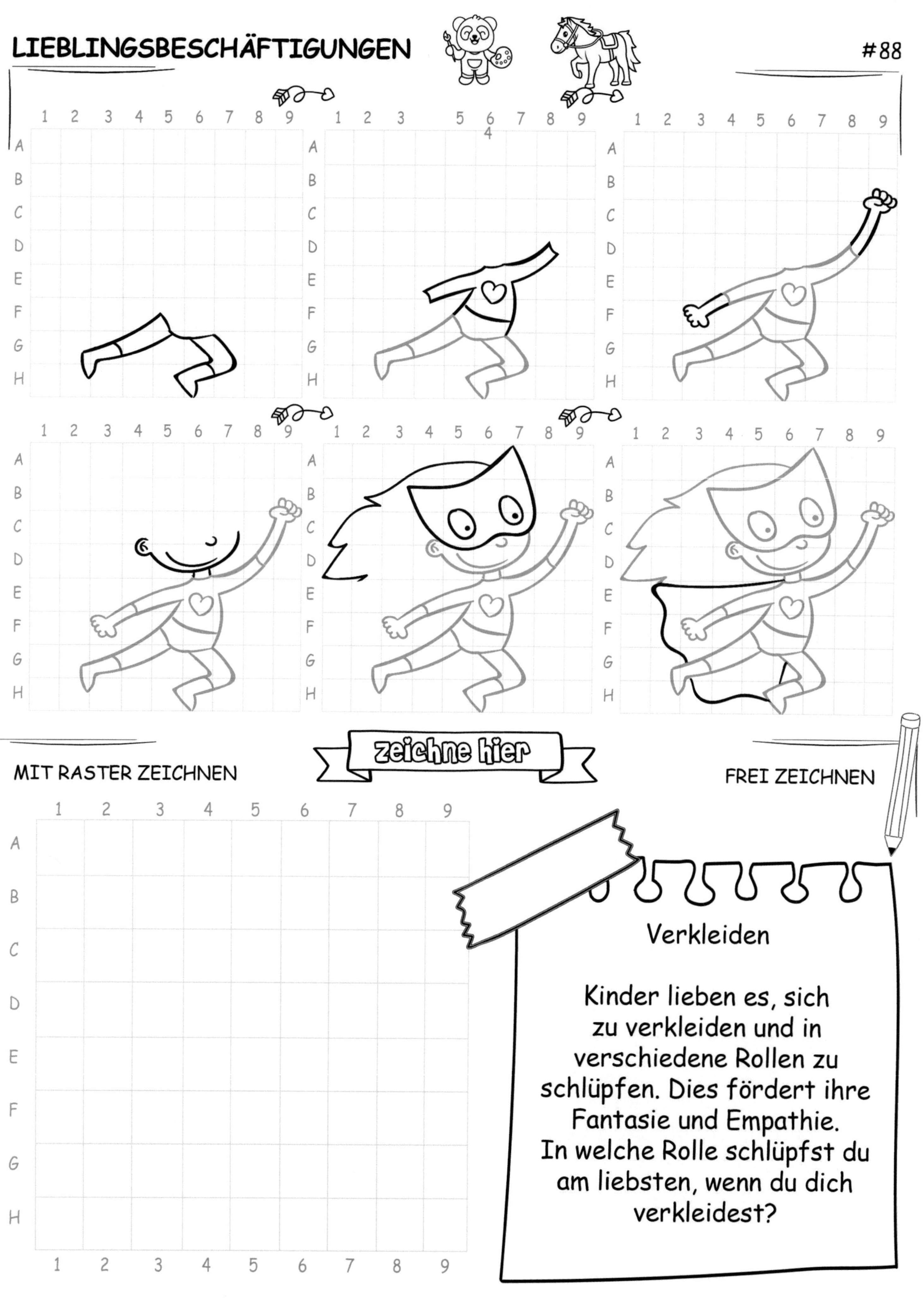

LIEBLINGSBESCHÄFTIGUNGEN

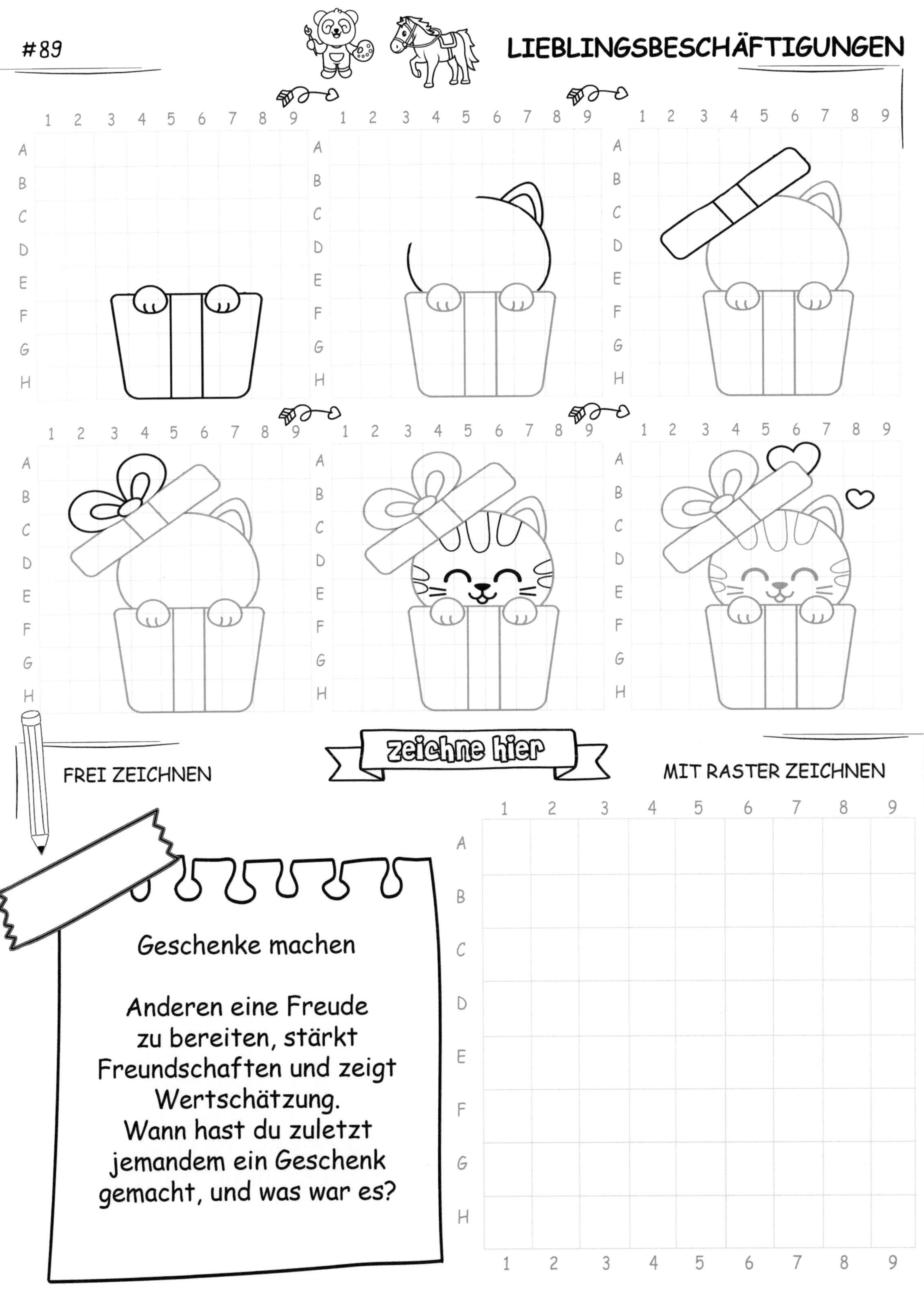

FREI ZEICHNEN

MIT RASTER ZEICHNEN

Geschenke machen

Anderen eine Freude
zu bereiten, stärkt
Freundschaften und zeigt
Wertschätzung.
Wann hast du zuletzt
jemandem ein Geschenk
gemacht, und was war es?

zeichne hier
MIT RASTER ZEICHNEN
FREI ZEICHNEN
Puppen spielen

Das Spielen mit Puppen
hilft Kindern, soziale
Fähigkeiten zu entwickeln
und Alltagssituationen
nachzustellen.
Hast du eine Lieblingspuppe?
Wie heißt sie, und welche
Abenteuer erlebt ihr
zusammen?

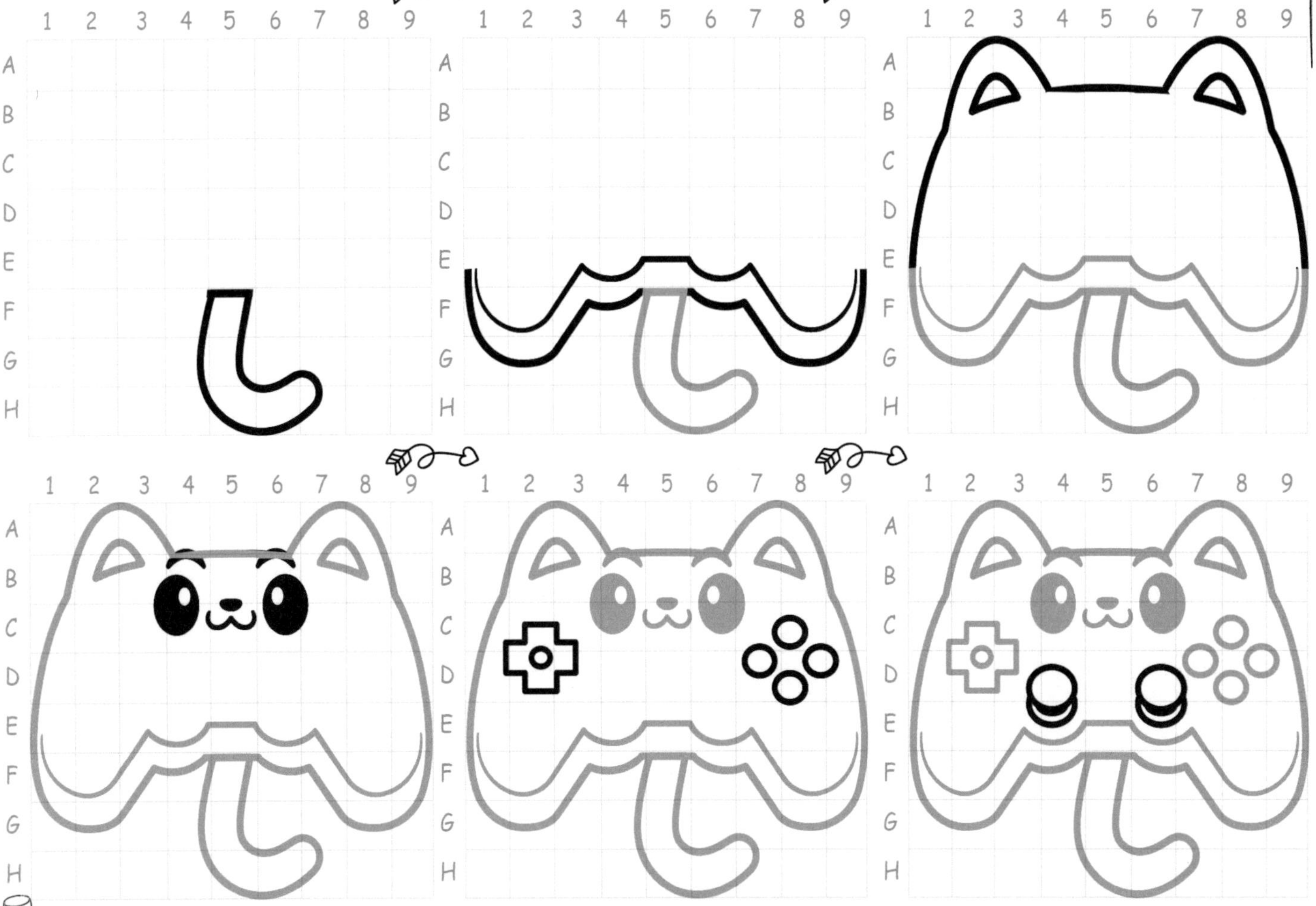

LIEBLINGSBESCHÄFTIGUNGEN

zeichne hier

FREI ZEICHNEN

MIT RASTER ZEICHNEN

Computerspiele

Computerspiele können Spaß machen und verschiedene Fähigkeiten fördern, sollten aber in Maßen gespielt werden.
Welches Computerspiel spielst du gerne, und was gefällt dir daran besonders?

LIEBLINGSBESCHÄFTIGUNGEN

MIT RASTER ZEICHNEN

FREI ZEICHNEN

Tanzen

Tanzen ist eine wunderbare Möglichkeit, sich auszudrücken und fit zu bleiben.
Hast du einen Lieblingstanz oder ein Lied, zu dem du gerne tanzt?

LIEBLINGSBESCHÄFTIGUNGEN

FREI ZEICHNEN

MIT RASTER ZEICHNEN

Null Bock haben

Es ist okay, sich gelegentlich unmotiviert zu fühlen. Wichtig ist, Wege zu finden, die eigene Stimmung zu heben. Was hilft dir, wieder Lust auf Aktivitäten zu bekommen, wenn du mal keine Motivation hast?

LIEBLINGSBESCHÄFTIGUNGEN

MIT RASTER ZEICHNEN

FREI ZEICHNEN

Alles doof finden

Manchmal hat man Tage, an denen nichts Spaß macht. Das ist normal und geht vorüber. Was tust du, um dich besser zu fühlen, wenn du einen schlechten Tag hast?

Emojis als Problemlöser!

Du findest alles doof oder bist einfach nur glücklich?
Manchmal ist es echt ein Rätsel, wie man erklären soll, was in einem
vorgeht. Aber hey, dafür gibt's Emojis – die kleinen Dinger erledigen
den Job für uns. Einfach mal das „Augen-zu-und-durch"-Gesicht
raushauen, und schon weiß jeder Bescheid.

BIN GLÜCKLICH
Was bringt dich heute zum Grinsen wie ein Honigkuchenpferd?
Schon mal so glücklich gewesen, dass du gedacht hast:
„Das muss ein Film sein!"?

BIN TRAURIG
Was ist passiert? Hat jemand die letzte Pizzascheibe geklaut?
Wenn du dich in eine Decke wickeln und ein trauriges Lied hören
könntest, welches wäre es?

HAB ANGST
Glaubst du, unter deinem Bett könnte ein Monster wohnen?
Was wäre gruseliger: ein Zombie, der tanzen kann, oder ein
sprechender Kühlschrank?

BIN WÜTEND
Hat dich heute jemand so genervt, dass du kurz überlegt hast,
ob du ihm einen Kaktus schenkst?
Woran denkst du, wenn du den berühmten „Ich-explodier-gleich"-
Emoji rausholst?

ALLES COOL
Schon mal so entspannt gewesen, dass du fast mit der
Sonnenbrille eingeschlafen bist?
Was ist dein „Alles-chillig"-Geheimrezept?

KOPF VOLL – BRAUCH RUHE
Wie sieht dein Gesicht aus, wenn jemand fragt: „Geht's dir gut?"
und du nur noch „Uff" sagen kannst?
Wo würdest du jetzt am liebsten hin?

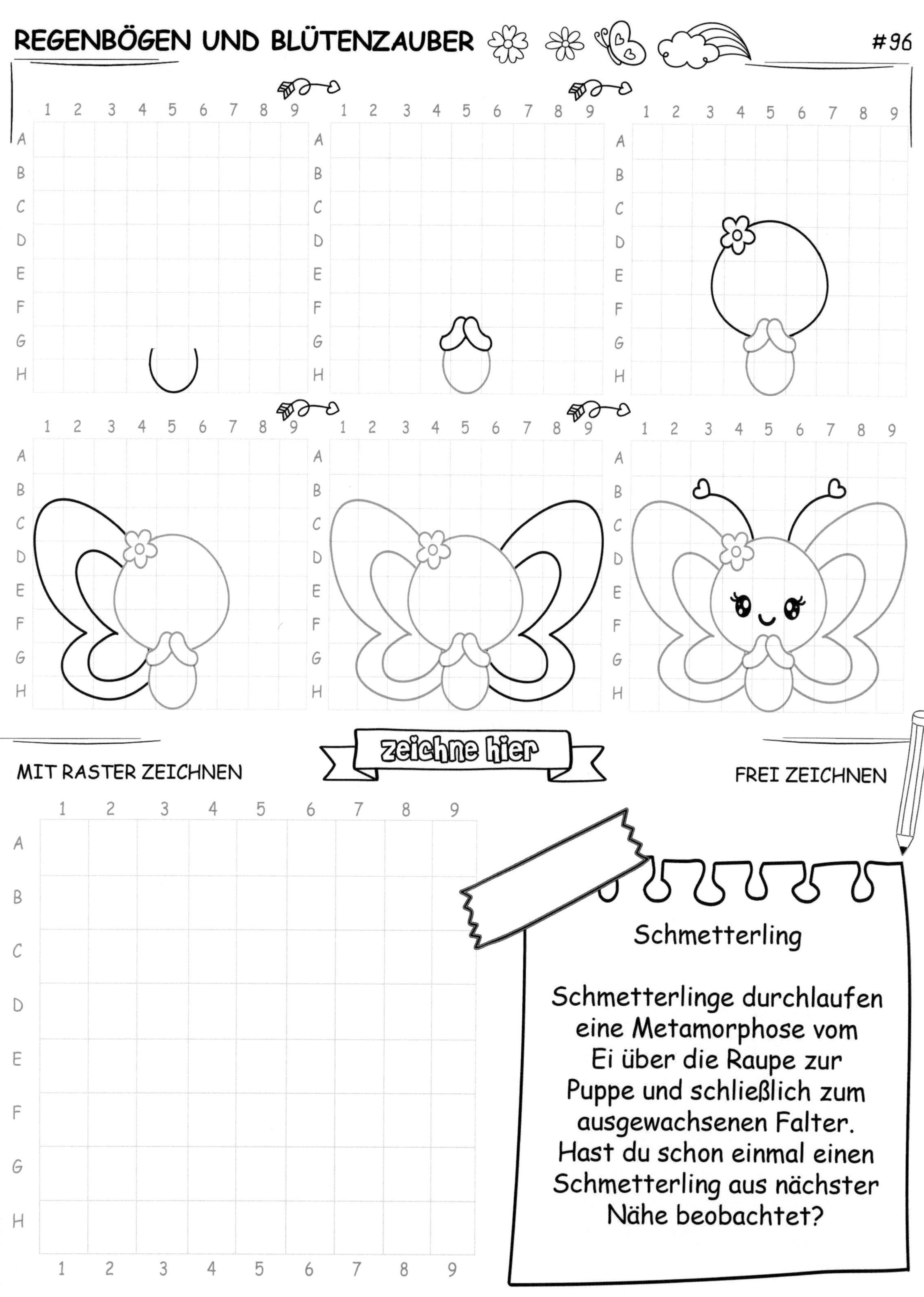

MIT RASTER ZEICHNEN

FREI ZEICHNEN

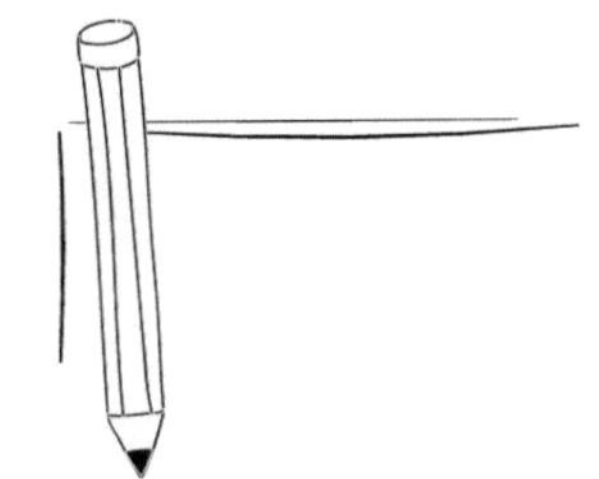

zeichne hier

MIT RASTER ZEICHNEN

FREI ZEICHNEN

zeichne hier

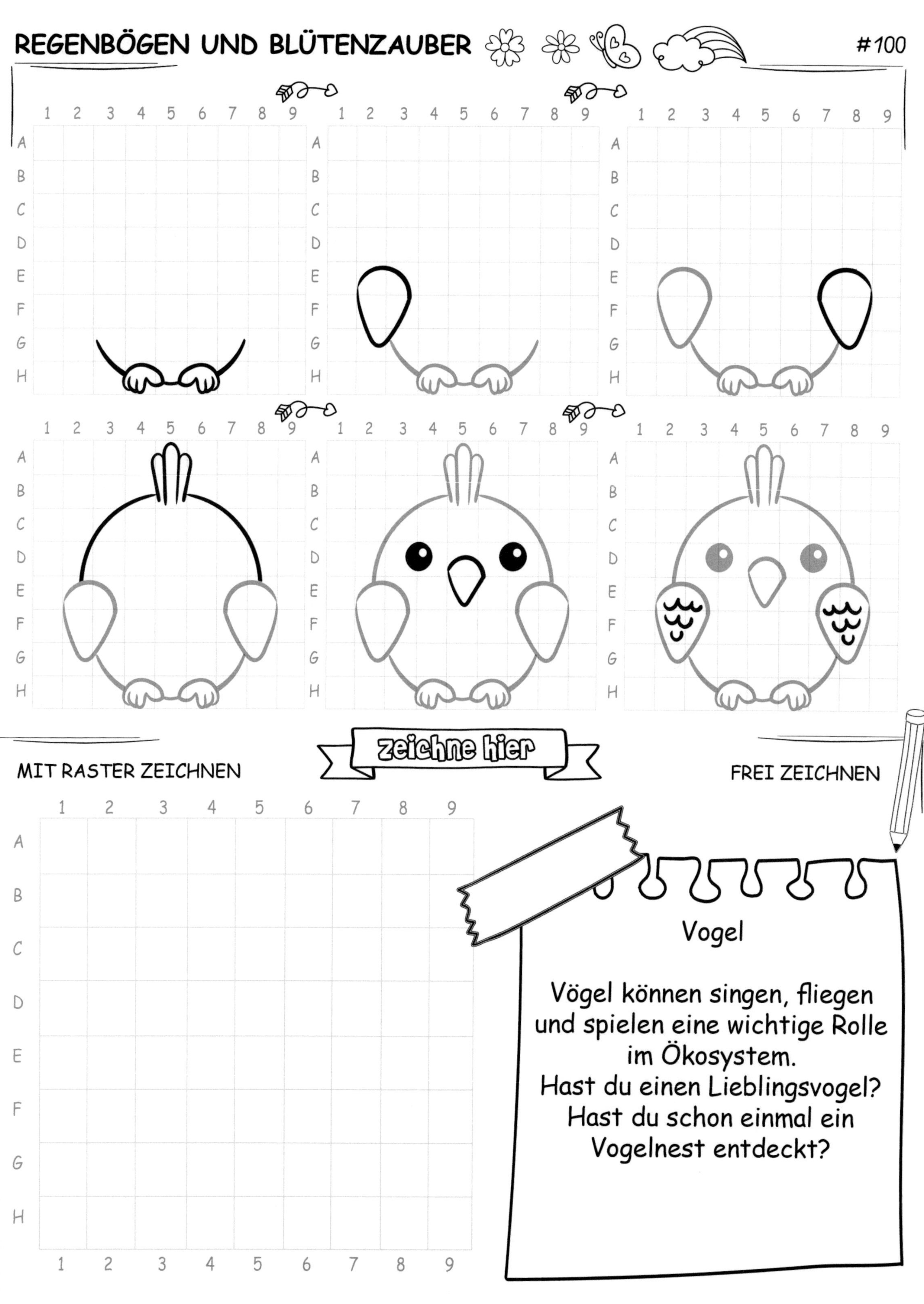

MIT RASTER ZEICHNEN

zeichne hier

FREI ZEICHNEN

Vogel

Vögel können singen, fliegen und spielen eine wichtige Rolle im Ökosystem.
Hast du einen Lieblingsvogel?
Hast du schon einmal ein Vogelnest entdeckt?

BLÜTENZAUBER & NATURWUNDER

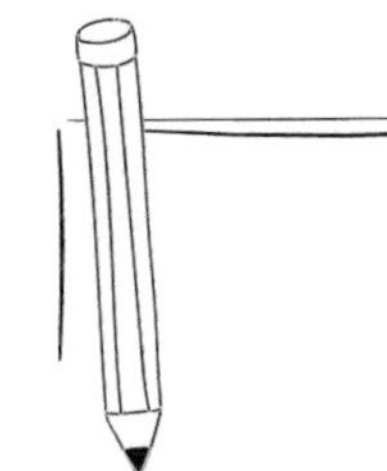

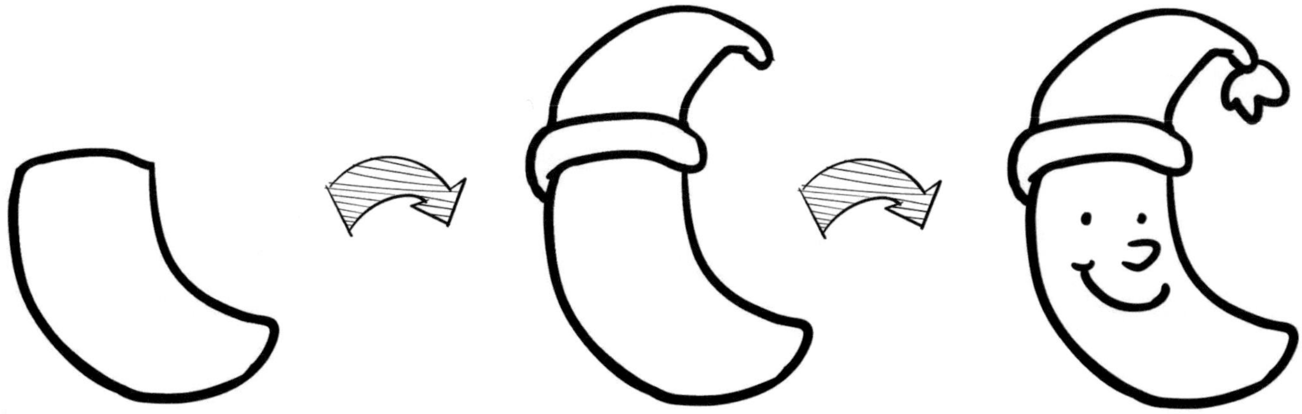

BLÜTENZAUBER & NATURWUNDER  #102

MIT RASTER ZEICHNEN

FREI ZEICHNEN

BLÜTENZAUBER & NATURWUNDER

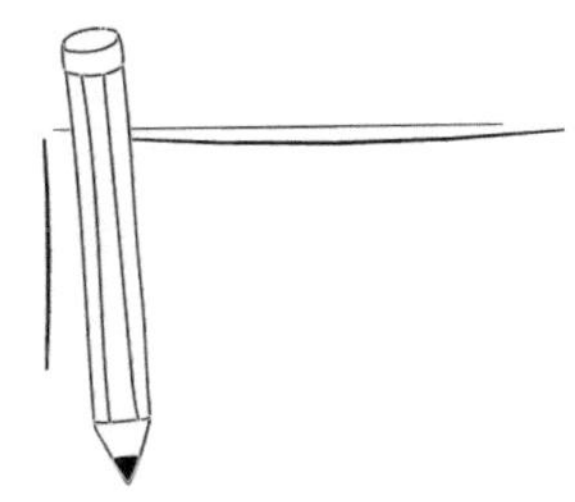

REGENBÖGEN UND BLÜTENZAUBER #104

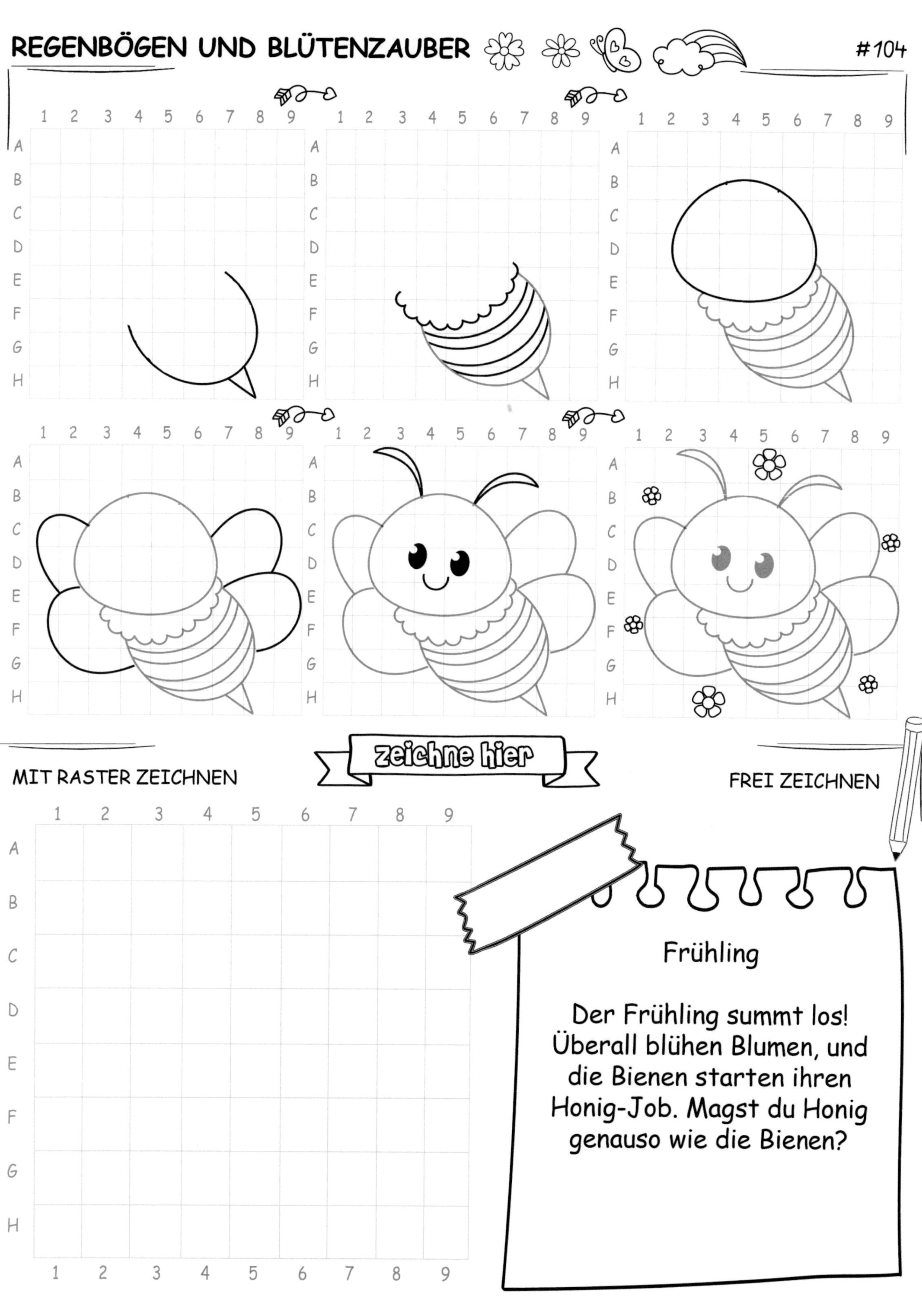

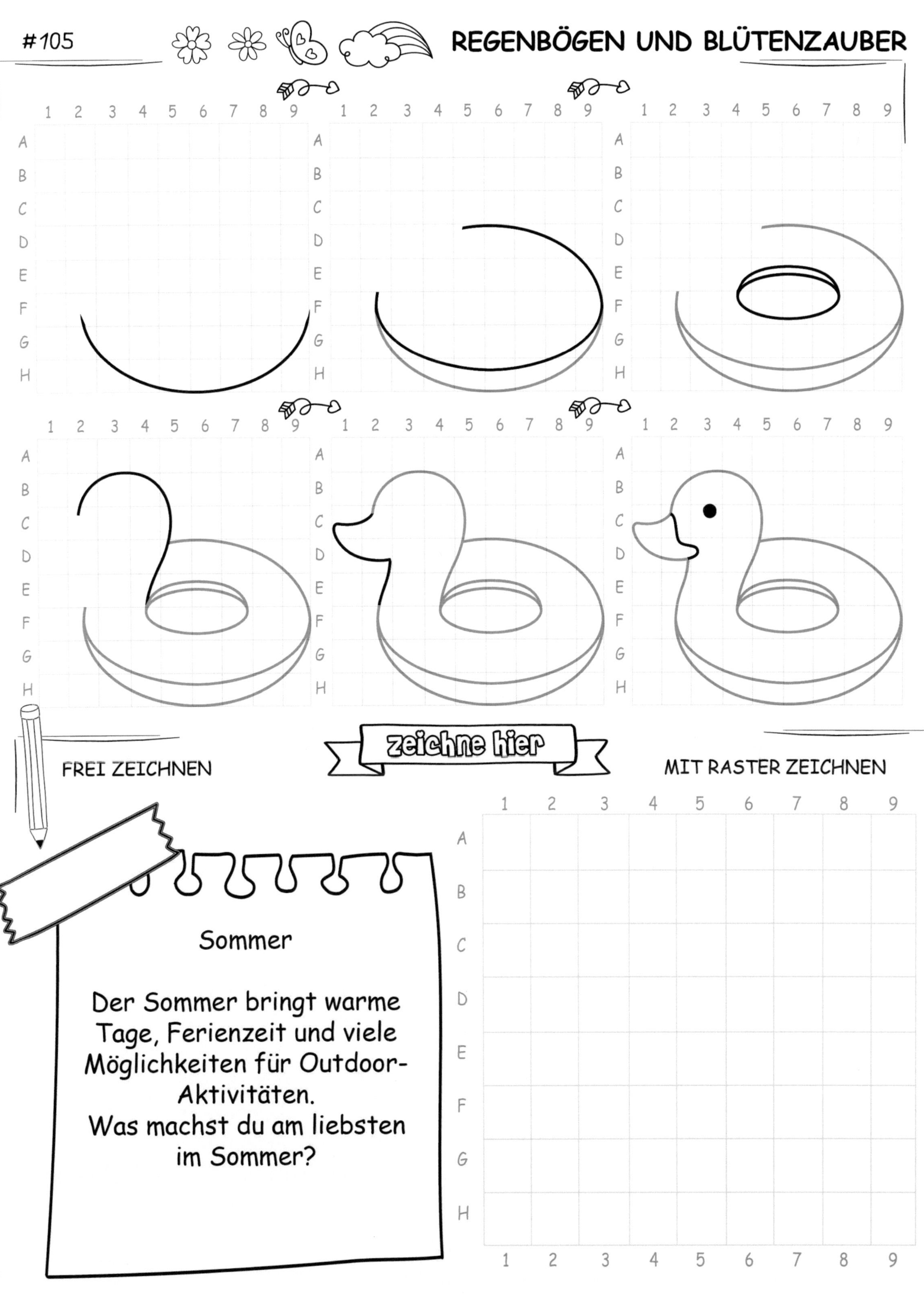

zeichne hier
FREI ZEICHNEN
MIT RASTER ZEICHNEN
Sommer

Der Sommer bringt warme
Tage, Ferienzeit und viele
Möglichkeiten für Outdoor-
Aktivitäten.
Was machst du am liebsten
im Sommer?

MIT RASTER ZEICHNEN

FREI ZEICHNEN

Herbst

Im Herbst färben sich die Blätter bunt, und die Erntezeit beginnt. Sammelst du gerne Nüsse oder Kastanien wie die Eichhörnchen oder machst Spaziergänge im raschelnden Laub?

FREI ZEICHNEN

MIT RASTER ZEICHNEN

Winter

Der Winter bringt Schnee, kalte Tage und gemütliche Abende.
Freust du dich auf Schneeballschlachten oder das Bauen von Schneemännern?

ZEICHNEN LERNEN
WWW.BRAVO-BIRGIT.AT/ZEICHNEN-LERNEN

Nützliches & Service

Service
Sie können die Zeichnungen auch einzeln als PDF anfordern, um sie zu vervielfältigen und immer wieder neu zu beginnen. Falls Sie individuelle Zeichnungen wünschen, erstelle ich diese gerne für Sie.

Zeichnung zu leicht/zu schwer/zu unpassend – Sonstige Anregungen
Ist eine Zeichnung zu schwer, zu einfach oder einfach nicht passend?
Sie erhalten kostenfrei eine angepasste Version. Auch für Verbesserungs-
vorschläge bin ich sehr dankbar – lassen Sie es mich wissen!

Kostenfreie Downloads
Laden Sie diverse Zeichenraster einfach mit dem QR-Code herunter.
Sollten Sie Materialien nicht finden, können Sie diese unkompliziert
und unverbindlich per E-Mail an bravo-birgit@gmx.at anfordern.

Persönlicher Kontakt
Haben Sie Wünsche oder Anregungen? Ich freue mich sehr über
Ihren persönlichen Kontakt! Schreiben Sie einfach eine E-Mail
an bravo-birgit@gmx.at.

Sie haben eine Themenidee?
Ich freue mich sehr über Ihre Vorschläge! Teilen Sie mir Ihre Ideen mit.

Allgemeines

Wenn Ihnen das Werk gefallen hat, dann freue ich mich sehr über eine freundliche Rezension auf Amazon.

Testleser werden
Möchten Sie meine Bücher vorab lesen und rezensieren?
Ich freue mich auf Ihre Unterstützung und Ihr Feedback! So geht's:

Kontaktaufnahme:	Schreiben Sie eine E-Mail an bravo-birgit@gmx.at.
Betreff:	Geben Sie im Betreff „Testleser werden" an.
Aufnahme:	Ich nehme Sie in die Liste der Testleser auf.
Bücher:	Ich sende Ihnen ab und zu Bücher, die bestellt und rezensiert werden sollen. Sie entscheiden, wann Sie mitmachen wollen. Bitte dann nur kurze Info.
Kosten:	Schicken Sie mir die Rechnung – ich übernehme die Kosten.

Buchinfo
Bitte beachten Sie, dass aufgrund der Beschränkungen des Amazon-Druckverfahrens keine Optionen für stärkeres Papier oder Perforierung zur Verfügung stehen.

Sonstiges
Ich habe mir mit größter Sorgfalt und Hingabe bei der Umsetzung dieses Projekts Zeit genommen. Sollte Ihnen ein Versehen auffallen, zögern Sie bitte nicht, mich zu kontaktieren, damit ich es schnellstmöglich korrigieren kann. Sie können mich unter bravo-birgit@gmx.at erreichen. Vielen Dank für Ihr Vertrauen und Ihre Unterstützung!

QR-Code
Mit diesem Code gelangen Sie direkt auf die Homepage
https://www.bravo-birgit.at/zeichnen-lernen. Dort finden Sie alles
zum Thema Zeichnen lernen sowie Schatzsuchen und
Schnitzeljagden für Kinderbeschäftigungen bzw. -Geburtstage.
Sie können auch gerne den direkten Weg wählen: bravo-birgit@gmx.at